ポピュリズムと司法の役割

裁判員制度にみる司法の変質

斎藤文男
Saito Fumio

花伝社

はじめに

ポピュリズムが世界に広がっています。ポピュリストのトランプ米大統領の誕生に驚かされたのは、つい昨年のことでした。英国でも欧州諸国でも、政治のポピュリズム化がすすんでいます。日本も例外ではありません。

ポピュリズムは民主主義の落とし子です。世界に民主主義を教導してきた米国の政治が、真っ先にポピュリズム化しました。これはアイロニーではありません。民主国だから、そうなったのでしょう。

ポピュリズム政治はいろいろな弊害をもたらしますが、なかでも困るのは差別と人権無視です。「アメリカ・ファースト」と叫ぶトランプ氏は、大統領令を発してイスラム圏の人たちの入国を一時禁止しました。

しかし、これは憲法訴訟になり、連邦裁判所が大統領令の執行に〝待った〟をかけました。ここに民主主義における司法の役割があざやかに示されています。

元来、司法は法の支配を堅持し、人権の砦《とりで》たるべきものです。民主主義やポピュリズムの政治の力に屈してはなりません。ポピュリズムの暴走を抑止するのが司法の役割です。

こうした観点から日本の司法の現状をみると、なんともお寒いかぎりです。司法にポピュリズムの暴走を抑止する役割など、とうてい期待できそうにありません。それどころか、司法自身が先手を打ってポピュリズム化してしまいました。それが裁判員制度です。

本書は、このような観点から裁判員制度の検証をこころみたものです。

裁判員制度の問題点は広範多岐にわたります。たんなる刑事裁判の改革を超えた、グローバル化による国家の変容や政府の役割の変化、司法の変質にかかわります。そのどれひとつをとっても大きな問題です。そこで、本書はテーマを小分けして、連続講座のかたちを採ることにしました。

実をいうと、筆者はあちこちの学習会でこうした話をしたり、小さな雑誌に雑文を寄せたりしてきました。それが本書の下敷きになっています。

そんなわけで、この本はポピュリズム政治における司法の役割について考える私設セミナーの紙上再録です。どうぞセミナーにご参加のうえ、忌憚《きたん》ないご意見をお聞かせください。

ポピュリズムと司法の役割——裁判員制度にみる司法の変質◆目次

はじめに 1

第1講 民主政治における司法の役割――権力の抑制と均衡……7
ポピュリズムの台頭 7／トランプ大統領 VS. 連邦裁判所 10
トクヴィルの懸念――多数の専制 22／米国憲法起草者たちの苦心 25
モンテスキューの権力分立論 27

第2講 民主主義と自由主義――多数の支配か、法の支配か……31
民主主義とはなにか 31／一般意志・全体意志・特殊意志 34
自由主義――法の支配と人権保障 37／国民に裁判員の義務はない 43
思想・良心の自由と裁判員の義務 47／国民主権だけが憲法原則ではない 48
多数決と民主主義 51

第3講 ポピュリズム化する政治――司法は大丈夫か……56
ポピュリズムとはなにか 56／グローバル化と議会民主制の機能不全 61
安倍政治はポピュリズムか 64／政治と嘘 68／「安倍一強」の権力集中 71
二〇一七年衆院選が残したもの 72／司法改革は何だったのか 76
司法は民主化してはならない 79

第4講　司法の民営化——福祉国家から治安国家へ……84
民間刑務所 84／司法権の〝民間委託〟 87／治安意識を国民に共有させる 88
刑務所は〝人間廃棄物〟の埋立て場 91／市民警察と公安警察 95／治安維持法の再来 97
戦争と治安 100／始めに民営化ありき 103

第5講　司法の治安機構化——警察と司法の連動……107
判例にみる治安意識 107／デモ不許可は暴徒化の予防 112／選挙は警察が取り締まる 114
ビラ戸別配布は住居侵入罪 116／基地反対運動は厳罰 118／治安のためなら判検一体 123

第6講　裁判員の義務と思想・良心の自由——死刑は正当化できるか……125
戦争と死刑 125／国家は暴力の独占装置 127／死刑は正当な刑罰か 129／憲法からみた死刑 133
良心的兵役拒否をめぐる問題 135／家族国家観と義勇奉公 140／安倍首相の国家主義 144

第7講　プロフェッショナルとしての裁判官——改革すべきは司法官僚制……146
プロには資格と能力が要る 146／問題は司法官僚制にある 149／裁判官人事と政治的圧力 152
法曹一元化を 155／陪審制は裁判員制度と似て非なるもの 157

トクヴィルはなぜ陪審制を褒めたのか 161／国民主権・民主主義・国民参加 165
民主政治は素人政治か 169／議会は多数ではなく、知と徳の代表 171

第8講　破綻する裁判員制度――廃止するしかない……176
裁判員が嫌われる理由 176／裁判員制度合憲のぺてん 180／信用されない裁判員 187
病気になっても知らんぷり 190／防げない暴力団員の脅し 192
なぜ重大な刑事事件に裁判員裁判なのか 193／司法は〝国家の番犬〟か 197

第9講　ポピュリズムはファシズムか――司法と民主主義の危機……199
ポピュリズムとファシズム 199／カール・シュミットの独裁論 201
ファシズムとはなにか 204／ファッショ化の指標 209／権力分立・法の支配の形骸化 212
司法と民主主義が危ない 216

あとがき 219

第1講　民主政治における司法の役割——権力の抑制と均衡

ポピュリズムの台頭

ポピュリズムが世界に広がっています。それも民主主義の先進国で、政治のポピュリズム化がいちじるしく進みました。

そのことに驚かされたのは、一昨年（二〇一六年）に相次いで起きた二つの事件——英国の国民投票による欧州連合（ＥＵ）からの離脱と、米大統領選挙でのドナルド・トランプ氏の勝利でした。

それから早や一年余。両国の行く手は霧に閉ざされ、政権の足元も定かでありません。

英国では、かねてポピュリスト政党の英国独立党が反ＥＵ・反移民・反エリートを唱え、ＥＵ加盟の是非を国民投票に問うよう求めていました。キャメロン前首相がこれに応じたのは、国民投票で加盟維持が承認され、低下した政権の求心力を回復できると読んだからです。が、賭けは裏目に出ました。そして首相は辞任。メイ氏が保守党の党首に選ばれ、首相の座を継ぐ政変になりました。

その直後から、「ブレグジット」という新語がはやりました。ブリテン（英国）とリグレット（後悔）の合成語で、EU離脱に一票を投じた人たちのなかにも「まさか、こんな結果になろうとは」と、ほぞをかむ人も少なくなかったからです。

離脱をめぐるソフトランディングかハードランディングかの議論が高まるなかで強硬離脱を決意したメイ首相は、政権基盤を固めてEUとの交渉力を高めるため、総選挙を前倒しして実施しました。ところが、その思惑も外れました。与党圧勝の当初の予想に反して、過半数割れの敗北。辞任をせまる声も出るなかで、地域政党の閣外協力を得て政権は維持したものの、不祥事による閣僚の辞任やEU離脱交渉をめぐる党内対立で政局は安定しません。

EU単一市場から離脱した英国の前途は多難です。ポンドは急落し、対ドルで国民投票前の一六％安。消費者物価がじわりと上昇し、給料は上がらず、市民の暮らしにも影響が出始めています。消費低迷のあおりを受けて、国内総生産（GDP）の伸びも鈍化しました。

世界の外国為替取引の四割弱を占めるというロンドンの金融街「シティー」から、大手銀行がヨーロッパの拠点をパリやフランクフルト、オランダやルクセンブルクに移す動きも加速しています。そのため、英政府の税収は年間で最大六六〇億ポンド（約八兆四〇〇〇億円）減るとの試算もあります。

そのうえ、離脱の清算金をめぐる交渉に手間取り、EUとの新たな自由貿易協定は、いまやっと交渉議題になったばかりです。

かたや米国では、トランプ氏は大統領に就任早々、大統領令を連発してポピュリストぶりを発揮しました。メキシコ国境の壁建設、イスラム圏からの入国制限、環太平洋経済連携協定（TPP）の離脱、医療保険制度改革（オバマケア）の見直しなど、就任一〇〇日間で三〇件の大統領令に署名しました。

米国第一主義をかかげるトランプ大統領は、地球温暖化対策の国際的枠組み「パリ協定」からも離脱しました。また、貿易赤字を縮小し雇用を確保するため、中国を念頭に鉄鋼・アルミ製品の輸入に高関税を課しました。中国は対抗措置をとり、貿易戦争の様相を呈しています。

イスラム圏からの入国制限の大統領令は訴訟になり、裁判所から〝待った〟がかかりました。法人税・所得税引下げの税制改革は、中間選挙への配慮からなんとか議会を通ったものの、オバマケアの廃止は与党議員の造反で、僅差ながら議会で否決されました。選挙中から話題を呼んだメキシコ国境の壁の建設も、いっこうにめどが立ちません。

政権の足元では、内紛による要職者の辞任・更迭がいまだに続いています。おまけに、「ロシア疑惑」が発覚して特別検察官が捜査に乗り出し、事と次第によっては大統領の弾劾に発展しかねない雲行きです。そのせいか、政権発足時に四割台半ばあった支持率も、いまは三割台前半まで落ち込みました。

このように、トランプ流のポピュリズム政治は州や議会や裁判所との対立をまねき、与党の一部の離反さえ引き起こしました。加えて、白人至上主義の擁護とも受けとれるトランプ大統領の発言は、社会の分断をいっそう深めています。

トランプ大統領 VS. 連邦裁判所

こうした米国政治の混迷のなかでとりわけ、わたしの関心をひくのはイスラム圏からの入国を制限した大統領令の違憲訴訟です。州がこの大統領令は憲法違反の疑いがあるとして差止めを提訴し、連邦裁判所はこれを認めて、大統領令の執行停止を命じました。そのため、大統領と司法が真っ向うから対決するかたちになりました。つまり、行政権と司法権とのあいだにチェック・アンド・バランス（権力の抑制と均衡）が働いたのです。

ご存じのとおり、三権分立制は近代憲法の基本原則です。これは国家の統治権を立法・行政・司法権に分けること自体が目的ではありません。そのねらいは、これら三権が互いに牽制しあい、権力の均衡状態が生じることによって権力の乱用を防ぎ、個人の権利・自由をまもるところにあります。

トランプ大統領令の違憲訴訟は、この権力の抑制と均衡がみごとに機能したものということができます。そこで、この事例を教材にして、民主政治における司法の役割を改めて考えてみたいと思います。

というのはほかでもありません。日本では最近、民主主義と司法のあり方について誤解が広がっているように思われるからです。その「誤解」とは、民主主義は多数の意向にしたがう政治のことで、司法も民主化するために国民が参加すべきだという考えです。その結果、三権分立の抑制・均衡が失われ、個人の権利・自由がまもられなくても意に介しない風潮がみられます。こうした誤解が生じるのは、民主主義と司法の関係を正しく理解していないからでしょう。この誤解を正すことは、政治がポピュリズム化しつつある昨今、とくに重要かつ急務です。

ポピュリズムは民主主義の落とし子です。ポピュリズムを民主主義「再生」の契機とみるか、民主主義への「反逆」とみるかはともかく、ポピュリズムは民主主義から生まれたものであることは確かです。だとすれば、近年、台頭するポピュリズム政治における司法の役割を明らかにするためには、原点にもどって民主政治における司法の役割を再確認する必要があります。

では早速、このような観点からトランプ大統領令の違憲訴訟を事例研究にとりあげてみましょう。

まず、事件の経緯をたどっておきます。左の年表をご覧ください。――いえ、ざっとで結構ですから。やたらこまごまと長たらしい年表ですが、この訴訟への利害関係者の働きかけと司法が果たす役割を読み取っていただきたいのです。関係者のコメントも付しておきました。太字は重要事項、やや小さい活字は編者の注記。

二〇一七年一月二〇日
・トランプ大統領の就任演説
「私たちは、首都ワシントンから権力を移し、国民《ピープル》の皆さんに戻すのです」「本当に大事なことは、どの政党が政権を握るかではなく、国民《ピープル》によって政府が支配されているかどうかということです」「二〇一七年一月二〇日は、国民《ピープル》が再び国の支配者となった日として記念されるのです」

トランプ大統領はこの演説で「ピープル」の語を一〇回くり返した。かれはピープルと自分を同一視し、かれの大統領就任でピープルはワシントンから権力を取り戻したという。むろん、これはレトリックだが、自分を民主主義者として演出している。

一月二一日
・ワシントンで、女性団体主催の五〇万人のデモ。世界の約八〇カ国、六七〇カ所で、約四八〇万人がデモに参加
プラカードには「民主主義を守れ」「女性の権利は人類の権利」とあった。「民主主義」は反トランプ派にとっても、親トランプ派にとっても錦の御旗なのだ。

一月二五日
・大統領、メキシコ国境に壁建設の大統領令に署名
一月二七日

・大統領、中東・アフリカ七カ国からの入国を一時禁止する大統領令に署名
七カ国はシリア、イラク、イラン、リビア、ソマリア、スーダン、イエメンのイスラム圏

一月三〇日
・イェイツ司法長官代理、大統領令に抗議声明。大統領令に従わないよう司法省に指示
「私には、常に正義を追求し、正しいことを弁護するという我々の機関に与えられた厳粛な責務を果たし続ける責任がある。私は、大統領を弁護することがこの責任を果たすことになるとの確信も、大統領令が合法との確信も持てない。その結果として、私が司法長官代理である限り、司法省がこの大統領令を弁護する意見を出すことはない」

イェイツ司法長官代理はオバマ前大統領の任命。次期司法長官が任命されるまで同省のトップ。
・大統領、イェイツ司法長官代理を解任
・大統領、国土安全保障省のラグスデール移民税関捜査局長代理を更迭
・ワシントン州のファーガソン司法長官、大統領令の差止めを連邦地裁に提訴
大統領令は違憲の疑いがあり、その執行により州民の生活が侵害されるおそれがあるとして。

違憲の理由は信教の自由（修正一条）、適正手続（同五条）、法の下の平等（同一四条）違反。

一月三一日
・ニューヨーク州、人権団体が起こした大統領令差止め訴訟に原告として参加
・国務省職員が約九〇〇人の大統領令反対の署名を集め、抗議文書を国務長官代理に提出

・フォード、ゼネラル・エレクトロニック、ゴールドマン・サックスなど大手企業が大統領令に反対声明

・大学・学会など一六四団体、大統領令の撤回を求める文書をホワイトハウスに提出

二月三日

・連邦地裁（ワシントン州）、大統領令の執行停止を決定

大統領令は違憲の疑いがあり、執行により州民の雇用・経済・教育に回復不能の損害を生じるおそれがあるとして。

・原告のワシントン州司法長官のコメント

「大統領も含めて、法の上に立つ人は誰もいないことが示された」

・人権団体のシュルツ氏のコメント

「米国民の勝利だ。国としてチェック・アンド・バランスのシステムが機能していることが証明された」

二月四日

・大統領のツイート

「悪者たちは大喜びだ！　この判事とやらの意見はバカげている。覆るだろう」

・ハーバード大学のトライブ教授（憲法）のコメント

「この国の『悪』を締め出すというのなら、大統領。鏡を見ていうべきだ」

・リービー上院司法委員のコメント
「トランプ氏は連邦判事を脅し、けなそうとしている。法の支配に敵意を示すことは、単にやっかいなだけでなく危険だ。トランプ氏は憲法の危機を招こうとしている」
・シューマー上院院内総務の声明
「この決定は憲法の勝利だ。トランプ大統領は決定を心に留め、大統領令を廃止すべきだ」
・司法省、連邦控訴裁（カリフォルニア州）に不服申立て

二月五日
・アップル、グーグルなど九七社、大統領令反対の意見書を連邦控訴裁に提出

二月七日
・連邦控訴裁が審理（非公開）

二月八日
・大統領のツイート
「（連邦控訴裁は）とても政治的で、恥ずべきものだ。大統領には入国禁止の権限があることは、成績の悪い高校生でもわかる」
・コロンビア大学のボーゼン教授のコメント
「米国では『法の支配』と『司法の独立』は極めて重要だ。トランプ大統領の一連の

発言は、明らかに裁判官に脅しをかけるもので、何か悪いことが起きたら司法のせいだというのも、裁判官をおじけづかせ、屈服させようという意図からだろう。幸い、司法の独立は強固で、簡単に脅迫に屈するほど弱くない」

二月九日

・連邦控訴裁（カリフォルニア州）、大統領令の執行停止の維持を決定

控訴審での争点は①大統領令の執行を停止しなければ、国に損害が生じるか、②司法に大統領令を審査する権限があるか、③入国禁止の公益性はあるか。控訴裁は①について、政府側は大統領令の執行停止による損害を立証していない、②立憲主義の原則から裁判所に司法審査権がある、③テロ防止のため、イスラム圏からの入国を禁止する公益性はない、と判示した。

・大統領のツイート

「恥ずべき決定だ。わが国の安全保障が危機にひんしている」

・セッションズ前上院議員、上院の承認（賛成五二票、反対四七票）を得て司法長官に就任

二月一〇日

・大統領、入国禁止の大統領令を修正し、新たな大統領令を検討中と発表

二月一三日

・連邦控訴裁（バージニア州）も大統領令の執行停止を決定

・国土安全保障省のケリー移民関税捜査局長官は先週、全米で不法移民を摘発、六八〇人

以上を逮捕したと発表

二月一六日

・全米各地で、レストランや商店の移民労働者が「移民のいない日」スト

二月二一日

・国土安全保障省、不法移民の取締り強化の方針を発表

長期不法滞在者も強制送還の対象に。国境警備員五〇〇〇人、強制送還要員一万人を増強。

三月六日

・**大統領、入国禁止の新大統領令に署名**

入国禁止の対象国からイラクを除外、ビザ保有者には適用せず。

・ティラーソン国務長官、ケリー国土安全保障長官、セッションズ司法長官の声明

「この大統領令は国家安全保障に不可欠な手段だ」

・ペレス全国民主党委員長の声明

「これは二つ目のイスラム教徒禁止令だ。トランプ氏の宗教差別への執着にはうんざりする」

・南カリフォルニア大学のフレンゼン教授のコメント

「トランプ氏がイスラム教徒を差別的に扱おうとしてきた証拠はたくさんある。今後も法廷闘争は続くだろう」

・全米自由人権協会の声明

「トランプ政権は新しいイスラム教徒の入国禁止令を出した。禁止令を実際に修正する方法はただ一つ、禁止令を持たないことだ」

三月七日

・ハワイ州、新大統領令の差止めを連邦地裁に提訴

「新たな大統領令は最初の大統領令と同様、米憲法で定めた信教の自由を侵害する『イスラム教徒禁止令』だ」

新大統領令により、①イスラム圏六カ国出身者が家族と会えなくなる、②大学や企業などが六カ国から人材を得られなくなる、③州の観光業に影響し、経済的打撃を受けるとして。

三月一一日

・ケリー前国務長官ら元政府高官一三四人が新大統領令に反対する大統領宛て書面に署名、公表

「(新大統領令は) 最初の大統領令と同様、米国の安全を弱め世界における指導力を損なう。米国がイスラム教と戦っているという誤った主張を後押しすることになり、結果的にイスラム過激派組織『イスラム国』を利する」

三月一五日

・連邦地裁 (ハワイ州)、新大統領令の執行停止を決定

新大統領令は信教による差別で、憲法違反の可能性が高いとして。

・ハワイ州のチン司法長官のコメント

「この勝利は、米国の司法制度の強さを示している」

・大統領のコメント

「前例のない司法の行き過ぎだ。最高裁を含めて、必要なだけ争う」

三月一七日

・司法省、連邦地裁の決定を不服として連邦控訴裁（バージニア州）に上訴

三月二九日

・連邦地裁（ハワイ州）、先の一時停止の決定を無期限に延長

・シアトル市は、不法移民に寛大な「サンクチュアリー・シティー（聖域都市）」への補助金を大統領令にもとづき打ち切るのは憲法違反として、連邦地裁に差止め訴訟を提起

聖域都市の多くは、連邦政府が主導する不法移民の逮捕・強制送還に人道的見地から協力しない旨の条例をもつ。聖域都市は全米に二〇〇以上あり、ニューヨークやロサンゼルスなど大都市が多い。

四月一〇日

・ゴーサッチ連邦控訴裁判事、上院の承認（賛成五四票、反対四五票）を得て連邦最高裁判事に就任

最高裁判事の急死にともない、オバマ前大統領が後任を選任しようとしたが、上院の承認が得られず、空席が一人あった。トランプ大統領が指名した保守派のゴーサッチ氏の就任で、最高裁は保守派四人、リベラル派四人、保守寄りの中間派一人となった。

四月二五日

・連邦地裁（カリフォルニア州）、聖域都市への補助金打切りの大統領令に執行停止の決定

「連邦政府の支出権限は議会にあり、大統領令で支出に関する新たな条件を追加することはできない。補助金打切りは市の予算編成に影響し、回復不能の損害を生じる可能性があり、連邦政府が自治体に圧力をかける形となる大統領令の内容は、憲法違反のおそれがある」

四月二九日

・日系人強制収容所開設七五年の催しにイスラム教徒が参加。人種差別の過ちをくり返すなと訴えた

第二次大戦中、在米日系人約一一万人が一〇カ所の強制収容所に入れられた。

五月二五日

・連邦控訴裁（バージニア州）、新大統領令の効力停止の維持を決定

「新大統領令が回復不能の損害を個人に与える場合、その権限の行使は（司法）審査を受ける。国家安全保障というあいまいな言葉を使っているが、文脈の上では宗教的な

不寛容や憎悪、差別になっている」
・セッションズ司法長官、連邦最高裁まで争う方針を表明
六月二六日
・連邦最高裁、新大統領令の執行を条件付きで容認
家族訪問、留学、雇用など「米国と真正の関係」がある者は適用除外。しかし、「真正の関係」の解釈・運用をめぐって混乱は続きそうだ。

九月二四日
・大統領、新たな入国規制令を発表
対象国に北朝鮮、ベネズエラ、チャドを追加。スーダンを除外。
一二月二日
・米国、難民・移民の保護に関する国連の枠組み「ニューヨーク宣言」から離脱
宣言は米国の主権と一致せず、国境管理の方法は米国が決めることだとして。
一二月四日
・連邦最高裁、入国規制の大統領令に全面施行を認める決定（判事九人のうち二人反対）
大統領令の合憲・違憲については、連邦控訴裁でなお審査中。
いかがでしょうか。

トランプ大統領令が裁判所だけではなく、お膝元の司法省をはじめ他の政府機関の反発を生み、各界の反対をまねいた様子がおわかりいただけたでしょう。これは権力分立による抑制・均衡が円滑に働いた結果です。

そこで、権力分立制と民主主義の関係を少し立ち入って考えてみたいと思います。

トクヴィルの懸念――多数の専制

米合衆国憲法の特色を権力分立に見いだしたのは、フランスの政治思想家、のちに政治家になったアレクシ・ド・トクヴィル（一八〇五～五九年）です。

かれは米国を視察して「一九世紀は民主主義の時代だ」と確信します。そして帰国後、『アメリカのデモクラシー』（一八三五年。第二巻は一八四〇年）を著しましたが、そのなかで米国の民主主義が維持される要因を三つあげています。連邦制、地域自治、そして司法です。

「三つの要因が、他の何にもまして、新世界〔アメリカ〕における民主的共和政の維持に与《あずか》っているように思われる。

第一はアメリカ人が採用した連邦形式、大きな共和国と小さな共和国の安定性とを合衆国がともに享受することを可能にしているその連邦形式である。

私は第二の要因を、多数の専制を抑制すると同時に、自由を好み、自由である術《すべ》を人民に教える地域自治の諸制度に見出《みいだ》す〔ちなみに、米国の地域自治の基礎単位はタウン＝町で、平均規模は二〇〇〇～三〇〇〇人。タウンには議会がなく、町民集会《タウン・ミーティング》で諸事を決する直接民主制をとる〕。

第三の要因は司法権の構成にある。裁判所がどのようにして民主主義の逸脱を修正するのに役立つか、また、多数者の動きを止められないまでも、どのようにしてこれを遅らせ、方向づけるか、私はこれを〔本書で〕示した」

このようにトクヴィルは、米国で民主主義が永続するのは権力分立による抑制と均衡が働き、民主主義の逸脱を抑制するからだと考えました。連邦、州、自治体、そして連邦政府の立法・行政・司法のあいだに権力分立による抑制・均衡が作用することによって、民主主義が「多数の専制」に陥らずに永続すると述べています。かれは「専制はいつの時代にも危険だが、民主的な世紀には格別に恐るべきものだ」として、司法の役割を重視します。

「アメリカの裁判所に認められている違憲立法審査権は、〔司法に〕固有の限界を出ることはないが、政治的合議体の議会に対してかつて立てられた防壁の中でも、もっとも強力なものの一つである」

つまり、司法の役割は「民主主義の逸脱」「多数の専制」を阻むことであり、そのための手段が違憲審査権だというわけです。そして、こうつづけます。

「アメリカ人のもとを訪れ、その法制を研究してみると、法律家の権威を認め、政治に対して法律家が力を揮《ふる》う余地を残したことが、今は、民主政治の逸脱に対する最大の防壁となっていることがわかる」

「法律家の権威」は、政治家の権力とは違います。それは「知」の権威です。司法がもつのは政治権力ではなく、「法の権威」であり、これによって物理的な力の行使をできるだけ少なくしようとします。いいかえれば、司法の役割は力の支配に代えて、法の支配を確立することです。米国で司法が権威をもち、法律家が尊敬されるのはそのためです。

トクヴィルは、これを「法律家精神」と呼びました。そして、この法律家精神が「民主的精神」を中和するところにアメリカ民主主義の持続の秘密があるとして、こう述べています。

「私は、法律家精神と民主的精神とのこの混合なくして、民主主義が社会を長く統治しうるとは思わないし、人民の権力の増大に比例して法律家の政治への影響力が増さないとすれば、今日、共和政体がその存続を維持しうるとは信じられない」

米国憲法起草者たちの苦心

トクヴィルの指摘は的を射ています。実際、米国憲法の起草者たちは、まさにこの点に心を砕いたからです。そのことは、憲法草案のキャンペーン文書『ザ・フェデラリスト』にはっきりと記されています。かれらは、憲法草案への賛同を得るため、フェデラリストの筆名でニューヨークのインデペンデンス紙に論稿を連載しました。これをまとめた単行本が一七八八年に出版されています。

建国の父祖たちが憲法制定にあたって、どのような点に苦心したかを見ておきましょう。

「選挙による専制政府というようなものは、われわれがそのために戦ってかちとった政府ではない。単に自由な諸原則に基づいて樹立されるばかりでなく、そのなかで政府の諸権力が他の部門を効果的に制約し、抑止しあうことで、その法律上の限界を越えられないような政府こそ、われわれがかちとるために戦った政府なのである」（マディソン）

「裁判官の完全なる独立は、権力を制限する憲法にとっては、ことに欠くことのできないものである。ちなみに、権力を制限する憲法とは、立法権に対して特定の例外、たとえば私権剥奪法や遡及《さっきゅう》処罰法を通過させてはならないことなどを規定した憲法を意味する。この種の権力制限は、裁判所という仲介を経なければ実際には守りえないものである。つまり、憲法の明白な趣旨に反する一切の立法行為を無効であると宣言するのが裁判所の義

務なのである。これなくしては、特定の権利または特権の維持もすべて無に帰することになろう」（ハミルトン）

このように、選挙による人民の代表機関が専制政治に陥らないためには、権力分立による抑制・均衡、とくに司法の独立が重要であること。そして、司法が違憲審査権をもち、他の政府機関の権力行使を制約する必要があることを強調しています。

そのためには、裁判官の身分が保障されねばならないとして、次のように述べています。

「司法部の職にあるものに対し、非行のない限りという基準をもってその任期とすることは、たしかに政治の運営に対する近代的改善の最たるものの一つである。君主国にあっては、判事終身制は君主の専制に対するすぐれた防壁の役割を果たしている。同様に、共和国にあっても、判事終身制は、議会の権力乱用と圧政に対するこれまたすぐれた防壁の役割を果たす。しかも、判事終身制は、法の堅実・厳正・公正な執行を確保するのに、いかなる形態の政府の下にあっても、考えうる最も便利な手段なのである」（ハミルトン）

これでおわかりのように、トクヴィルがアメリカ民主主義の特徴とみたのは、まさしく憲法起草者たちが意図したことでした。その意図がみごとに実現しているのを目の当たりにして、かれはアメリカ民主主義を称賛したのです。

いま、わたしたちがトランプ大統領令をめぐる憲法訴訟に見ているのは、まさにそのこと——民主主義の逸脱を抑止する司法の役割にほかなりません。

それにしても、なぜ、「民主主義の逸脱」が起き、民主主義が「多数の専制」に陥るのでしょうか。それに答えるには、そもそも民主主義とはなにかを問い直さなければなりません。

これは大きなテーマですから、次回にとりあげることにしましょう。

モンテスキューの権力分立論

——そういって初回の話を終えようとしたとき、聴講生のひとりが手をあげて質問しました。

「アメリカ憲法は、どうしてそんなに権力分立制を重視したのですか。そしてその後、権力分立制が近代憲法の基本原則とされるようになったのですか」

いや、これはなかなか難しい質問ですね。では、権力分立制のおさらいをしてみましょう。

みなさんは、モンテスキューが『法の精神』で立法・行政・司法の権力分立制を説いた、と高校の政治・経済の授業で習われたはずです。でも、かれが欧州諸国を旅し、古今東西の文献を渉猟し、二〇年の歳月を費やした大著を読み通した人はまずいないでしょう。有名になりすぎた古典の宿命です。

そこで、モンテスキューの権力分立論なるものをその著作で確かめてみます。

モンテスキュー（一六八九～一七五五年）が『法の精神』（一七四八年）で、権力分立を説いたのは確かです。しかし、かれが実際に論じているのは、国王と、議会の貴族院と、庶民院の三権分立であって、立法・行政・司法の三権分立ではありません。三権分立論が出てくるのは、じつは「イギリスの国制について」という章ですから、英国を念頭においたのでしょう。この三権分立には司法がありません。権力分立制を権力の抑制と均衡を図るための仕組みと考えたモンテスキューにとっては、司法は「法律を語る口」にすぎず、権力として「無」にひとしいからです。

いうまでもなく、英国の貴族院は貴族たちの権力の牙城であり、庶民院（代議院）は市民階級の権力の足場です。そして国王は、両勢力のあいだで調停者の役割を演じます。これは歴史的にみれば、没落する貴族階級と勃興する市民階級を張り合わせることによって、君主が生きのびるための方策でもありました。だから、モンテスキューの権力分立論の意図は、たんなる政治機構の権力分立ではなく、階級勢力間の抑制・均衡にあったのです。

ちなみに、モンテスキュー自身は貴族（男爵）で、ボルドー高等法院の副院長でした。当時、フランスでは「法服貴族」といって、貴族は裁判官の官位をもつのが通例でしたから、判事職は世襲され、売買もされました。いわゆる売官制度で、国庫収入を増やすためです。モンテスキューの高等法院の官位も叔父からの遺贈でしたが、外国見聞と著述に忙しいかれはほとんど登院せず、官職を高値で売却してしまいました。

ともあれ、貴族のモンテスキューは保守主義者です。なにごとも中庸をよしとし、混合政体を理想としました。極端に走れば、君主制は僭主《せんしゅ》制、貴族制は寡頭制、共和制は民主制となって市民階級の専制に陥るからです。

しかし、市民革命によって君主制や貴族制が倒れたのちも、なぜ立法・行政・司法の三権分立制が近代憲法の基本原則となったのでしょうか。また、もともと君主制も貴族制もない米国で、なぜあれほど権力分立にこだわったのでしょうか。それは、だれが権力を握ろうと、権力はつねに乱用されるものだからです。とりわけ、民主制をとる国では多数の支配が正当化されますから、そのいきすぎを抑止するために権力分立制は不可欠です。英国の国教会の弾圧を逃れ、信教の自由を求めて海を渡った人たちが、自由をまもる政府を望み、権力分立に固執したのは当然でしょう。

フランス人権宣言（一七八九年）は「権利の保障が確保されず、権力の分立が規定されないすべての社会は、憲法をもつものではない」と揚言しています。権力分立制をとる米国憲法（一七八七年）はこれに先立って制定され、フランス憲法（一七九一年）がつづきました。それ以来、両国を範とする近代憲法は権力分立制を採るようになったのです。

権力分立が必要なのは、理論上の問題ではありません。権力はその本性上、かならず乱用され、自由が失われることは経験の教えるところです。

モンテスキューは、こう述べています。

「民主政や貴族制は、その本性によって自由な国家であるのではない。政治的自由は制限政体にのみ見出される。しかし、それは制限政体の国々に常に存在するわけではなく、そこで権力が乱用されないときにのみ存在する。しかし、およそ権力を有する人間がそれを乱用しがちなことは万古不易の経験である。……

権力を乱用しえないようにするためには、事物の配置によって、権力が権力を抑止するようにしなければならない。誰も法律が義務づけていないことをするように強制されず、また、法律が許していることをしないように強制されない国制《コンスティチュシオン》が存在しうるのである」

今日の自由民主国家の憲法が、いずれも三権分立制を定めているのはこういうわけです。

とはいえ、権力分立制にはバリエーションがあります。米国の大統領制は行政府と立法府が対等で、厳格な権力分立制といえますが、英国は議院内閣制で、立法府の権力が行政府のそれにまさり、後者は前者に従属します。日本の場合はといえば、米国憲法の大きな影響を受けながらも戦前からの議院内閣制を維持し、三権間の部分的交流を認めるなど、権力分立は米国ほど徹底していません。

少し長くなりましたが、これがご質問への答えです。

第2講　民主主義と自由主義——多数の支配か、法の支配か

民主主義とはなにか

そもそも民主主義とはなにか——と、こう改まって問われると、即答できる人は少ないでしょう。それほど民主主義の語は多義的で、曖昧です。たいていの人はちょっと口ごもりながら、「人民の、人民による、人民のための政治」という有名なリンカーンの言葉をあげるでしょう。

でも、この標語めいた民主主義の定義には、人民「の」「による」「ための」と形容句が三つあります。そのうちのどれが民主主義の本質を言い当てているのか——とたたみかけると、ウーンと考え込みます。

ややあって、やっぱり「による」かな。だって、人民の「ための」政治は独裁者も公言するし、人民「の」政治、つまり人民が政治の主人公と言われてもいまいちピンとこないし……。民主主義って結局、「人民による政治」のことじゃないかな。——そんなところに落ち着くこ

とが多いようです。

よろしい、正解としておきましょう。あなたは、民主主義とは人民による政治（government by the people）だとおっしゃった。つまり、人民の自己統治（self-government）のことですね。治者と被治者の同一性（統治する者が統治され、統治される者が統治する）ともいいます。平たくいえば、民意による政治のことでしょう。

しかし、こういったとたんに、「民意」とはなにかが問題になります。民意ほど、多用されながらこれまた曖昧で、うさんくさい言葉もないからです。

民意とは世論をいうのでしょうか。そうなら、民主主義とは〟世論政治〟のことです。しょっちゅう世論調査を実施してその結果どおりに政治をおこなえばよく、政治家も議会も要りません。

それとも、多数者による政治を民主主義というのでしょうか。そうなら、民主主義とは〟多数の支配〟のことです。多数の意向の表明である選挙の結果をとやかくいうべきではなく、議会が多数決で決めたことに、やれ強行採決はけしからん、少数意見を尊重しろなどと文句をいうのは筋違いでしょう。

民主主義の透徹した理論を築いたのは、フランスの啓蒙思想家、ジャン＝ジャック・ルソー（一七一二〜七八年）です。その『社会契約論』（一七六二年）は歴史に大きな影響をあたえました。かれはこう書いています。

「民主政という言葉の意味を厳格に解釈するならば、真の民主政はこれまで存在しなかったし、これからも決して存在しないだろう。多数者が統治して少数者が統治されるということは自然の秩序に反する。人民が公務を処理するために絶えず集まっているということは想像もできない」

ルソーは、民主主義の原型を、古代ギリシャの都市国家《ポリス》のような小さな政治共同体で成員が集会を開き、公事を決する直接民主主義に見ていました。しかし、そうした民主主義は近代社会で成り立つはずがありません。それは、ルソーも百も承知です。

実をいうと、かれにとっては民主主義がこの世にあろうとなかろうと、そんなことはどうでもよかったのです。ルソーが問題にしたのは、統治の正統性《レジティマシー》の根拠です。人が人を統治するのは何によって正統化されるのか、ということでした、そしてかれは、人民の合意のみが統治に正統性を与えると説き、圧政を告発したのです。

『社会契約論』がこのような観点から書かれたものであることは、有名な冒頭の一句が端的に語っています。

「人間は自由なものとして生まれた。だが、いまや、いたるところで鉄鎖につながれている。……どうしてこのような変化が起きたのか、私は知らない。しかし、何がこれを正統化しうるか、この問いになら私は答えることができる」

そしてルソーは、統治の正統性の根拠を人民の合意だとしました。平易にいえば、「民意」でしょうか。かれは、これを「一般意志」と名づけました。

一般意志・全体意志・特殊意志

この一般意志の概念は、ルソーの民主主義論を解くキー概念です。その理解の仕方については研究者のあいだでも議論があり、ちょっと説明しにくいのですが、要するに、一般意志とは公共善（公共の利益）を志向する市民の総意を意味します。あるいは、あるべき人民があるべき公共の利益を求める意志といってもいいでしょう。とにかく、ルソーのいう「市民」や「人民」は、あるがままの民衆ではありません。その民衆の欲することが「民意」なのでもありません。

かれは、個々人が私利を求める意志を「特殊意志」と呼び、一般意志と峻別《しゅんべつ》しました。また、特殊意志の総和を「全体意志」と呼び、一般意志をこれとも区別しました。特殊意志は私利私欲の追求であって、これを寄せ集めたところで、公共善をめざす意志にはなりえないからです。

一般意志は、のちにベンサム（一七四八〜一八三二年）がいった「最大多数の最大幸福」とも違います。一般意志が善（徳）をめざすのに対して、最大多数の最大幸福は利益（快楽）の充足であって、善でも徳でもありません。徳は万人に共通で、普遍的です。しかし、利益は多様で相対立するため普遍性をもたず、せいぜいその多寡を量るしかありません。だから、最大多数の幸福をもってよしとすれば、少数者の幸福（利益）は無視されることになります。これは多数の専制です。

これに反して、一般意志は普遍的です。普遍的な善を欲する意志だからです。だからルソーは、「一般意志はつねに正しい」、誤ることがないと言い切りました。そして、こうつづけます。主権とは、一般意志の行使にほかならない。したがって、主権は代表されることも、分割することも、譲渡することもできない。これが人民主権論です。

けれども、ルソーの一般意志は理念ないしフィクションです。そもそも、共同体が「意志」をもつと考えるのは擬人化でしょう。意志をもつのは生ま身の人間であって、集団に意志はありません。まして、一般意志がめざす「公共善」なるものはフィクションです。だから、公共善を志向するという「市民」「人民」も架空の理想像にすぎません。

利害対立やイデオロギー抗争の絶えない今日の社会で、公共善や人民の合意がありうるのか、はなはだ疑問です。たとえばＴＰＰや憲法改正、共謀罪法を考えてみていただきたい。世論調査でも賛否は割れ、「わからない」をふくめて、いずれが公共の利益なのか判然としません。「熟議民主主義」とやらで議論を尽くしてみても利害やイデオロギーの対立に妥協はあっても、合意の成り立つはずがありません。

政治はしょせん、利害の調整です。対立する利害損得を妥協させ、調整し、国家権力が裁定し、執行することです。だから、人民の代表機関である議会は、各種の利益要求を汲みあげ、調整し、政治決定をおこないます。そして、これを「人民の合意」とみなすのであって、あらかじめ人民のあいだに合意が存在するのではありません。「民意」はつくられるものです。

議会の決定は多数決でおこなわれます。それればかりか、議会自体が多数決の産物です。有権者の多数が支持した政党に多くの議席を与え、支持の少ない政党には少ししか議席を与えないか、まったく与えません。だから議会政治は、人民の合意による民主主義ではなく、「多数の支配」にならざるをえません。ルソーもいうとおり、真正の民主主義はこの世に存在しないのですから、「多数の支配」は民主主義のいわば代替物、まがいものです。

多数決は「民主主義の原則」というのも誤解です。多数決は、合議機関の決定の便法にすぎません。どんな組織であれ、何事についてであれ、組織としての決定をする際の採決ルールのひとつにすぎません。過半数が原則ですが、全員一致を要件としたり、一定数の同意をもって足ることもあります。また、抽選や輪番制で代表を選ぶこともあります。

多数決が民主的な採決ルールなのではありません。ヒトラーを独裁者にした全権委任法も、軍国主義を推進した諸施策も、議会の多数決によるものでした。多数決それ自体はいわば無色透明な組織決定の一方式であって、決定の内容とは無関係だからです。

ところが、こうした誤解が重なって、多くの人の頭のなかに〈民主主義＝多数の支配＝多数決〉という思考回路ができあがってしまいました。これは誤解という以上に、危険なことです。民主主義は人民の合意による統治です。それは、人民をいっさいの権力と権威の源泉とみなします。だから、民意にもとづく権力は強ければ強いほどよろしい。民意がよりよく実現されるからです。その意味で、民主主義は決して独裁を排除する思想ではありません。むしろ、独裁を呼び起こしかねない、きわどい政治思想なのです。

そのことは歴史が証明しています。イギリスの清教徒革命はクロムウェルの独裁をうみ、フランス革命はロベスピエールの恐怖政治をまねきました。近くは、社会主義革命が人民独裁（じつは共産党独裁、スターリン独裁）をもたらしたことは周知のとおりです。

自由主義――法の支配と人権保障

こうした民主主義の逸脱に歯止めをかけるのが自由主義の思想です。自由主義は個人を尊重し、個人の自由に対する国家権力の干渉をできるだけ排除しようとします。自由主義にとって権力は必要悪であり、よい権力というものはありません。まして、正しい権力などというものはありえません。だから、自由主義を徹底すれば無政府主義に行きつくでしょう。

民主主義思想が権力の正統性を問うのに対して、自由主義思想は権力の限界と行使の方法を問題にします。つまり、権力を法で縛ろうとします。その役割を担うのは司法です。だから、司法が依《よ》って立つ原理は「法の支配」(rule of law) であって、民主主義ではありません。

わたしたちは「自由民主主義」とひとことで気安くいいますが、自由主義と民主主義はこのように異なる原理をもつ政治思想です。両者は水と油のように混ざることはあっても、決して融け合うことはありません。自由民主主義は、この相反するベクトルをもつ二つの思想の微妙なバランスの上に成り立っています。

このことは自由民主国家の統治機構にもあらわれ、民主主義の原理にもとづく機関と自由主義の原理にもとづく機関が併存しています。議会や大統領(首相)は、選挙で直接・間接に選ばれた国民の代表機関ですから、民主主義の制度化といえるでしょう(立法・行政府をあわせて政治部門という)。これに対して、司法府は自由主義の制度化です。司法だけではありません。法の支配や三権分立制、基本的人権の保障、立憲主義も自由主義原理の制度化です。

「法の支配」とは、統治される者だけが法に服するのではなく、統治する者も法に従うべきだという原則のことです。法の支配の守護者は司法です。つまり、司法が政治に法のしばりをかけます。そうすることによって、圧政から個人の権利・自由をまもることが可能になるからです。司法が「法の番人」「人権の砦《とりで》」と呼ばれるゆえんです。

法の支配には長い歴史があります。ちょっと垣間見ておきましょう。

一三世紀の英国でのことです。法律家のブラクトン卿が「国王といえども、神と法の下にある」といったのが法の支配の始まりとされています。ここにいう法とは、王が発する布告ではなく、コモン・ローと呼ばれる慣習法を指します。これによって、英国人の伝統的な権利がまもられてきたと考えられていました。法律家の任務は、この不文の慣習法から法を発見し、事件に適用することでした。ちなみに、ブラクトンは王座裁判所の裁判官で聖職者、コモン・ローの大家でもあります。

このように本来、法とは権力者が制定した実定法ではなく、公正を理念とする普遍的な規範を意味していました。だから、「法の支配」は、公正な法によって権力政治を抑止し、権利を保障する機能をもつわけです。

こうしたいきさつから、法の支配の歴史は人権の歴史と重なります。法の支配の最初の成果はマグナ・カルタ（大憲章。一二一五年）でした。ジョン王の専横に反抗した封建貴族が、かれらの権利を王に認めさせたのです。当初、これは貴族の特権擁護にすぎませんでしたが、のちに商人らの権利規定が加わり、人権宣言の先駆けとなりました。その流れはやがて権利請願（一六二八年）、権利章典（一六八九年）へと受けつがれ、いまも英国憲法の三大法典とされています。

一方、米国では植民地時代から、制定法より上位の自然法が存在し、そこに普遍的な人権が定められていると考えられました。「生まれながらの人権」をうたったヴァージニア権利章典（一七七六年）は、米国で最初の人権宣言でした。これは、同年に制定された政府組織法とあわせて、州の憲法とされています。

その翌月、独立宣言が発せられました。そこには、こうあります。

「われわれは自明の真理として、すべての人は平等につくられ、造物主によって一定の奪いがたい天賦の権利を付与され、そのなかに生命、自由および幸福の追求が含まれることを信じる。また、これらの権利を確保するために人類のあいだに政府が組織されたこと、そしてその正当な権力は統治者の同意に由来するものであることを信じる」

この周知の一節は、人民主権にもとづく政府の樹立と、その目的が人権保障にあることを高らかにうたっています。

もうひとつ見落とせないのは、マサチューセッツ州憲法（一七八〇年）です。この憲法は人権規定を設けるとともに、「人の統治ではなく、法の統治」を定めています。いうまでもなく、法の統治は法の支配のことで、その目的が人権保障にあることを明示しています。

合衆国憲法はこのような州憲法の先例を踏まえて、一七八七年に成案を得、翌八八年に諸州の承認により発効しました。その特徴が権力分立制にあることはすでに述べましたが、これを図示したのが次ページの図1です。

自由民主国家の統治機構は、自由主義的民主主義《リベラル・デモクラシー》の理念にもとづいています。その民主主義を制度化したのが政治部門（立法・行政府）で、自由主義を制度化したのが司法です。政治部

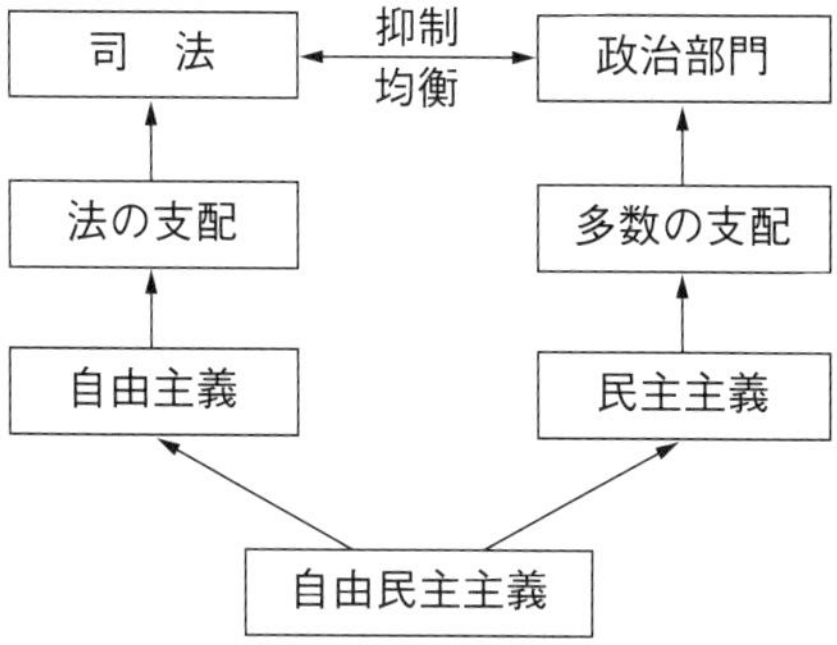

図１　自由民主国家の統治機構

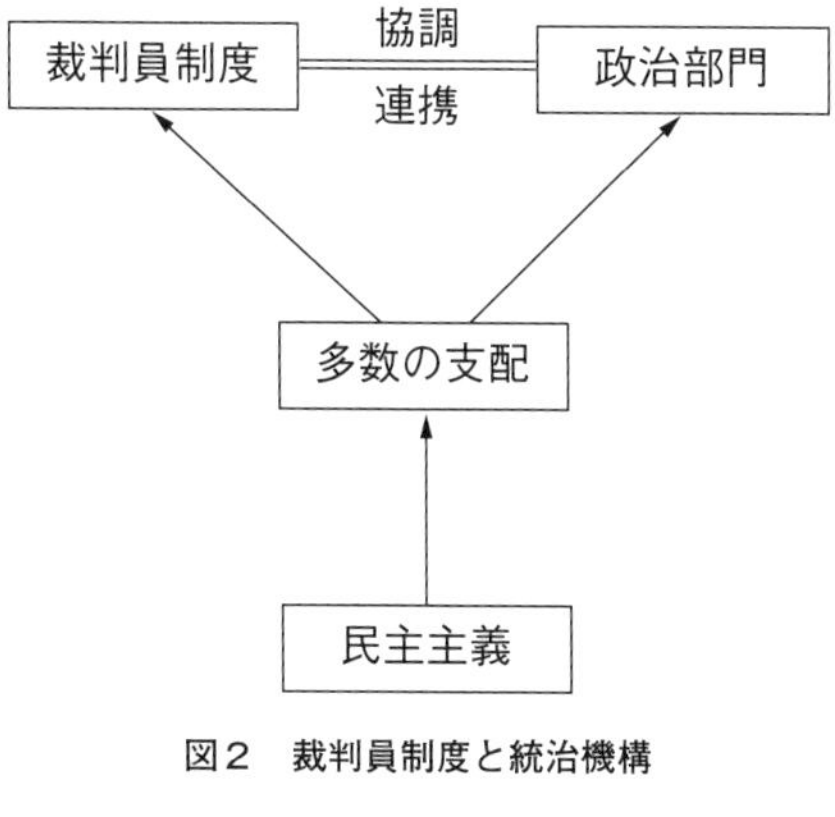

図２　裁判員制度と統治機構

門は直接・間接に人民による選挙で選ばれるため、多数の支配の原理が働き、権力を乱用するおそれがあります。これに対して司法は、法の支配によって政治部門の権力乱用を抑止し、個人の権利・自由をまもろうとします。その結果、政治部門と司法とのあいだに抑制・均衡がつねに働きます。これが自由民主国家の統治機構のモデルです。

ところが日本では、どうもこのことがきちんと理解されず、民主主義と司法の関係について誤解が見受けられます。その最たる例が裁判員制度です。

この制度は手短にいえば、司法を民主化するため、国民のだれもが裁判員として司法に参加し、裁判に社会常識や市民感覚を反映させようというものです。

けれども、司法は果たして「民主化」すべきものなのか。なぜ、国民は「司法参加」の義務を負うのか。裁判に「社会常識」「市民感覚」を反映すれば、裁判はよくなるのか——といった根本的な問題を十分に検討しないまま導入されました。それは、前述した民主主義と司法の役割についての理解を欠くためです。

その結果、政治部門だけでなく、司法まで「多数の支配」の機関となり、政治部門と司法とのあいだに抑制と均衡が働かず、両者は協調・連携、下手をすると癒着の関係に置かれることになります。これを図示したのが図2です。

図1と比べてみればおわかりのように、裁判員制度の誤りはスタートラインにあります。日本国憲法の理念は自由主義的民主主義なのに、自由主義をすっかり忘れていることです。そし

て、なんでもかんでも「民主化」すればよい。そのためには、国民の「参加」が必要だと思い込んだことです。そして、民主主義が多数の専制に陥ることを警戒するどころか、司法を「法の支配」から「多数の支配」のための機関に代え、〝人権の砦〟としての司法の役割を放棄したのです。これは司法の自滅というほかありません。

わたしたちは、裁判員制度の根本的な誤りを改めて認識する必要があります。すでに施行されて何年もたつから、いまさらそんなこと言っても仕方がないと諦めてはなりません。司法のあり方はわたしたちの人権にかかわることだからです。

国民に裁判員の義務はない

まず、なぜ国民が裁判員の義務を負わねばならないのか。その点から考えてみましょう。

日本国憲法が定める国民の義務は三つしかありません。教育の義務（二六条）、勤労の義務（二七条）、納税の義務（三〇条）です。

しかも、これらの義務は教育を受ける権利、勤労権、参政権と表裏一体で、国民に一方的な義務を課するものではありません。子どもに教育を受ける権利があるからこそ、親はわが子に教育を受けさせる義務を負います。働く者は勤労の権利をもつからこそ、働きたくても働けないときは生活を保障してもらうことができます。また、国民には参政権があるからこそ、政府の財政をまかなうために納税の義務を負います。

憲法が定める国民の義務はこれだけです。「裁判員の義務」などといったものはありません。むろん、憲法の制定当時、裁判員制度など夢にも思わなかった以上、明文規定がないのは当然のこととはいえ、その法的根拠は憲法のどこをどう探しても見当たりません。

こういうと、いや、裁判員は義務ではなく、国民の「権利」だ、と強弁する人がいます。この制度を導入した政府は、そう説明していました。それどころか、最高裁までが裁判員制度の合憲判決で、国民の司法参加は「参政権と同様の権限を国民に付与するものである」と述べています（二〇一一年一一月一七日大法廷判決）。

しかし、これは真っ赤な嘘《うそ》です。

クジに当たった裁判員候補者は、裁判員選任のための呼出し状を受けると、指定の期日に裁判所に「出頭」しなければなりません。もし正当な理由がなく出頭しなければ、一〇万円以下の過料が科せられます（裁判員法一一二条二号）。いざ、裁判員になると、訴訟審理のため何度も裁判所に足を運ばねばなりませんが、もし出頭しなければ、これも同様に処罰されます（同条四号）。裁判員は義務だからです。

これに対して、参政権は国民の権利です。だから、選挙権を行使しなかった、投票を棄権したからといって罰せられることはありません。違反が処罰されるのは、それが義務だからです。義務の履行を強制するために、違反に罰則があるのです。権利の不行使を罰することができないのは自明の理です。裁判員としての司法参加が「権利」であるはずがありません。

こういうと、いや、裁判員は強制的義務ではなく、辞退を認めているという反論が返ってきます。

しかし、これも言い逃れです。「辞退」といっても、じつは辞退の申立てができるだけで、辞退を認めるかどうかは裁判所が決めます。つまり、辞退とは裁判員の義務の例外的免除のことで、免除するか否かは裁判所の裁量権に属します。いってみれば、これはお上の〝目こぼし〟にすぎません。

なるほど、裁量には法律で一定の基準が設けられてはいます。それが「辞退事由」です。正当な辞退事由があれば、辞退が認められることになっています。ところが、この辞退事由がはなはだ曖昧なのです。

裁判員に選任されるかどうかは当人にとっては重大事で、だれしも関心のあるところでしょうから、少し詳しくみておきましょう。

裁判員法は、裁判員を国民の義務としながらも例外を認めています。まず、義務教育の未修了者、禁錮以上の刑に処せられた者、心身の故障がある者を欠格者として、裁判員から除外します（一四条）。次に、国会議員、法律専門家、司法職員、自衛官などが裁判員の職を兼ねることを禁じています（一五条）。

そのうえで、七〇歳以上の高齢者、地方議員、学生、重い病気・傷害のある者、家族の介護・看護や重要な仕事のために裁判員を務めることが困難な者は、辞退を申し立てることができると定めています（一六条）。が、辞退事由はこれだけではなく、「その他政令で定めるやむをえない事由」というのがあります。

そこで政令をみると、結婚・出産、遠隔地の居住を例示したうえで、「このほか、裁判員の職務を行うことにより、自己又は第三者に身分上、精神上又は経済上の重大な不利益が生ずると認めるに足りる相当の理由があること」を辞退事由に加えています（政令六項）。

なんだ、これは……と、だれだって首をかしげるでしょう。どうして辞退事由を法律と政令に書き分けているんだ。法律に「その他政令で定める事由」とあるから政令をみたら、またしても「そのほか」うんぬんとあって、何のことやらさっぱりわからん。

ごもっとも。プロの法律家でも解釈に苦しみます。せいぜい、意のあるところを汲んでみましょう。

政令にいう、裁判員を務めることで「経済上の重大な不利益」が自己または第三者に生じる場合とは、ある程度察しがつきます。たとえば、営業担当のビジネスマンが抜けると、取引交渉が破談して会社が多大の不利益をこうむるといった場合がこれに当たるでしょう。

しかし、規定の趣旨はそうだとしても、いざこれを具体例に適用する段になると、その判断は人によりまちまちでしょう。ある人は、取引交渉には代わりの者がいるとか、破談しても企業の損失は小さいとみるかもしれません。また、ある人は、取引交渉は余人をもって代えがたく、商談の不成立は企業に多大の損失をもたらすとみるかもしれません。

さらに、農繁期や漁期の農漁業の従事者はどうか。派遣労働者や日給・時給で働く人の場合はどうかとなると、判断はいっそう難しくなります。

思想・良心の自由と裁判員の義務

まして「精神上の不利益」となると、ほとんど意味不明です。法務省は、これを「裁判員としての職務を行うことがその思想信条に反する場合において、そのために精神的な矛盾と葛藤《かっとう》を抱え、職務を行うことが困難な程度に達するとき」と説明し、無政府主義をその例にあげています（池田修・合田悦三・安東章『解説・裁判員法——立法の経緯と課題』）。

しかし、思想信条が辞退事由になるのなら、無政府主義者にかぎらず、人を裁かず救済を業とする宗教者、殺人を許せない人道主義者や死刑廃止論者の辞退も認めるべきでしょう。内心の葛藤が裁判員の職務遂行を困難にするほど著しい場合といっても、人の内心の苦悩の深浅は他人が推し量れるものではありません。

やはり、裁判員の義務免除は裁判所のサジ加減なのです。実際には、なるべく辞退を認めたくないのが立法者のホンネでしょう。だから、前掲書も「単に裁判員をやりたくないと思っているに過ぎないような場合にまで辞退を認めることがないようにすべきは当然である」とクギを刺しています（一、二版。三版では、なぜかこの部分が削除されている。ちなみに、執筆者の池田氏は、司法改革推進本部の裁判員制度・刑事検討会のメンバーとして裁判員法の立案にかかわった。氏の論述は、立法者の見解とみてよい)。

要するに、裁判員の「辞退」は、裁判員拒否の権利を認めるものではありません。あくまでも裁判所の裁量による、裁判員の義務の例外的免除にとどまります。だとすると、裁判員の義務は、思想・良心の自由を保障した憲法一九条違反のおそれがあります。

いやしくも国民に義務を課し、基本的人権を制限するには、憲法上の根拠が要ります。法律でどんな義務を定めても、どのように権利・自由を制限してもよい、というわけではありません。そんなことが許されるなら、憲法を改正しなくても徴兵法さえ制定すれば、あすにでも国民に兵役の義務を課することができます。これは事実上の憲法改正であり、立憲主義をないがしろにするものです。

わたしが裁判員制度を違憲と考える理由のひとつは、この点にあります。

国民主権だけが憲法原則ではない

――ここまで話したとき、質問の手があがりました。

「先生は司法が民主主義の原理ではなく、法の支配にもとづくべきものだといわれました。でも、憲法は国民主権を定めているのですから、司法もやはり国民主権や民主主義の原理にもとづくものではありませんか」

おや、これは困りましたね。肝心かなめの勘どころがご理解いただけないようで……。わたしの説明の仕方がまずかったのでしょう。いささか理屈っぽくなりますが、事を筋道立てて考えてみてください。

みなさんは学校で、日本国憲法の三大原則は国民主権、基本的人権の保障、平和主義だと教わったはずです。平和主義はここでの議論の外におくとして、基本的人権の保障も国民主権も憲法の基本原則です。では、両者の関係はどのように理解すればよいのでしょうか。

基本的人権は、権力分立がなければ保障されません。たとえ国民主権であっても、権力が乱用されると、人権は失われます。そうならないためには、権力分立によって司法が独立していなければなりません。この仕組みを「法の支配」といいます。だから、司法は国民主権や民主主義ではなく、権力分立制の憲法原則にもとづくものであり、民主主義の逸脱を抑止する「法の支配」の守護者なのです。

もしおっしゃるように、司法もふくめ統治機構のすべてが民主主義一辺倒でつくられたとしたら、どうなるかを考えてみていただきたい。民主専政に陥るおそれがあるでしょう。

人民主権を唱えたルソーは、主権は分割できないとしてこう述べていました。

「わが国の政治学者たちは、主権をその原理において分割することができないので、その対象において分割している。彼らは主権を、力と意志とに、立法権と執行権とに、課税権、司法権、交戦権とに、国内行政権と外国との条約締結権とに分割している。時には、これらすべての部分を混同し、また時には、これらを切りはなす。彼らは、主権者をば、いろいろの部分をよせ集めて作られた架空の存在にしている。それは、多くの体――目だけしかない、腕だけしかない、あるいは脚だけしかない体から人間を作るようなものである。日本のヤシが、見物人の目の前で子供の体をバラバラにし、それからその手足を次々に空中にほうり上げると、それらがすべて集まって、生きた子となって再び落ちてくる、といわれている。わが国の政治学者たちの手品も、ほとんどこのようなものである」

ルソーは統治の正統性の根拠を問い、それを人民の合意だとしました。これが人民主権論です。そして、主権は分割できないと考えたため、権力分立論を否定したのです。

しかし、その結果、人民の合意にもとづく統治権（主権）は絶対的権力たらざるをえません。人民の合意は法律に具現され、人民は法律に服するのであって、法律が人権を侵害するおそれなどルソーはまったく予想していません。いや、法律が人民の合意である以上、法律によっても侵害できない基本的人権などという観念自体が生じる余地はありません。

モンテスキューが唱えた権力分立制はルソーとは異なり、機能的観点からの権力分立です。つまり、統治権をその機能・作用において分割し、各機関にそれぞれの権能を行使させることによって、権力の乱用を防ぎ個人の権利・自由をまもろうと考えたのです。だから、権力分立性と司法の独立は、民主主義のいきすぎを抑制し、基本的人権を保障するために不可欠の憲法原則なのです。政府機関のすべてが民主主義や国民主権の原理にもとづくものでは決してありません。

おわかり願えたでしょうか。

多数決と民主主義

――と、つづいて、首をかしげながらこんな質問をする聴講生がいました。

「どうも腑《ふ》に落ちないのですが……。ルソーは『一般意志はつねに正しい』といいましたが、その一般意志はどのようにして確かめるのでしょうか。全員一致はとうてい望めませんから、やっぱり多数決によるしかないのではありませんか。だったら、一般意志とは多数の意志のことで、つねに正しいかどうか怪しいものですね」

技あり、一本！　お見事な質問です。ルソーも、ちょっと返答に窮するでしょう。

じつは、そこのところが曖昧で、『社会契約論』のなかでも難解な箇所なのです。できるだけルソーの論述に沿って解説してみましょう。

まず、「一般意志はつねに正しい」というのは証明ぬきの公理です。かれは、一般意志を公共善（公共の利益）をめざす意志と定義している以上、一般意志はつねに正しく、誤ることはありえません。もともと、一般意志は正しいものだからです。これはトートロジー（同語反復）でしょう。

そもそも、一般意志はどのようにして確認されるのか。

「一般意志は、つねに正しく、つねに公けの利益をめざす。……しかし、人民の決議が、つねに同一の正しさをもつ、ということにはならない。人はつねに自分の幸福をのぞむものだが、つねに幸福を見わけることができるわけではない。人民は、腐敗させられることは決してないが、ときには欺かれることがある。そして、人民が悪いことをのぞむように見えるのは、そのような場合だけである。

全体意志と一般意志とのあいだには、時にかなり相違があるものである。後者は、共通の利益だけをこころがける。前者は、私の利益をこころがける。それは特殊意志の総体であるにすぎない。しかし、これらの特殊意志から、相殺しあう過不足を除くと、相違の総和として、一般意志が残ることになる」

この最後の一節は理解に苦しみます。特殊意志の総和（全体意志）から相殺しあう過不足を除けば、一般意志が残る――とは、どういう意味か。相反する雑多な特殊意志の共通部分が一般意志だ、というのだろうか。

ともあれ、一般意志を判定するには、まず各人が意見を表明し、討論しなければなりません。それでも解消できない意見の対立は、やはり表決で決着をつけるしかありません。しかし――

とルソーはいいます――表決が問うのは議案についての賛否ではなく、議案が一般意志に合致しているかどうかなのだ、と。

「ある法が人民の集会に提出されるとき、人民に問われていることは、正確には、彼らが議案を可決するか、否決するかということではなくて、それが人民の意志、すなわち一般意志に一致しているか否か、ということである。各人は投票によって、それについてのみずからの意見をのべる。だから投票の数を計算すれば、一般意志が表明されるわけである。従って、わたしの意見に反対の意見が勝つときには、それはわたしが間違っていたこと、わたしが一般意志だと思っていたものが、実はそうではなかった、ということを証明しているにすぎない。もしわたしの個人的意見が、一般意志に勝ったとすれば、わたしの望んでいたものとは別のことをしたことになろう」

要するに、表決の結果、多数派が支持した意見が一般意志であり、負けた少数派は一般意志の認識を誤っていたというわけです。間違った判断をした反対派は、おのれの不明を恥じなければなりません。勝てば官軍、負ければ賊軍。正義は勝者にあり――。そんなバカな！　正しさが数の多少で決まらないことくらい小学生でも知っています。

ただし、急いで付言しておかねばならぬことがあります。それは、ルソーが表決をかならずしも単純多数決とは考えていないことです。

「一般意志をあらわすためには、どれだけの割合の投票数が要るか。……政治体の状態と必要に応じて、一般意志をあらわす数を決めることができる。

……一つは、討議が重大であればあるほど、勝ちを占める意見は、全員一致に近づかねばならない。今一つは、論争される事がらが急を要すれば要するほど、意見を区別するのに必要な既定の差をせばめねばならない。すなわち、即決の要のある討議においては、ただ一票でも多ければ十分としなければならない。これらの原則のうち、第一のものは、法をきめる場合に適し、第二のものは、事務を処理するのにより適しているようである。いずれにせよ、この二つの原則の組み合わせにもとづいて、決議するための多数をきめる最もよき比例がきまるのである」

ご質問の点についてのルソーの考えは、ざっと以上のとおりです。

このように、多数決は決して「民主主義の原則」ではありません。民主主義においても、表決は全員一致から多数決まであります。しかも、多数決には投票権者の過半数か有効投票の過半数か、さらには三分の二以上など特別多数が必要かといった幅があります。

民主主義や国民主権の原理から、論理必然的に多数決の原則をひき出すことはできません。

また、多数決の結果が民主主義に合致するとは限りません。多数決が専制政治をまねくこともあるのは、歴史が証明済みです。多数決の結果が「つねに正しい」はずはありません。多数決は表決の一方式であり、便法にすぎない、とお話ししたのはその意味です。

第3講　ポピュリズム化する政治——司法は大丈夫か

ポピュリズムとはなにか

前回のお話は、民主主義とはなにか。なぜ民主主義が逸脱して、多数の専制に陥りがちなのか。その歯止めとしての司法の役割についてでした。

ところで、いま、世界を席巻しているポピュリズムは、トクヴィルが危惧した「民主主義の逸脱」ではないでしょうか。いや、逸脱どころか「反逆」だという人もいれば、ポピュリズムに民主主義「再生」の契機をみる人もいます。それほどポピュリズムは正体不明で、つかみどころがありません。

そこで、今回のテーマはポピュリズムです。ポピュリズムとはなにか。なぜ、ポピュリズムが台頭したのか。それは民主主義をどう変えるのか——といった問題をとりあげます。

まず、ポピュリズムとはなにか。

「ポピュリズム」は最近まで、あまり耳慣れない言葉でした。直訳すれば民衆主義でしょうが、新聞などは大衆迎合主義と括弧書きしています。もっと平俗に人気取り政治とか、はっきりいえば衆愚政治のことさ、という人さえいます。

『広辞苑』をひくと、あえて訳語はつけずに、「一般大衆の考え方・感情・要求を代弁しているという政治上の主張・運動。これを具現する人をポピュリストという」とあります。

そのとおり、ポピュリズムとは一種の政治運動ないし政治スタイルをいい、特定の主義主張や政治思想を指すものではありません。その点で、イズムと付いていても、リベラリズムやソーシャリズムといった体系的思想とは異なります。

ポピュリズムが主義主張をもつことはあっても、それは変幻自在です。そのときどきの政治状況に応じて、民衆の支持を得るための方便にすぎないからです。確固たる政治思想にもとづくものではありません。その意味で、ポピュリズムは〝思想なき政治〟といえるかもしれません。

ですから、ポピュリズムの定義をあれこれと詮索するよりも、その具体的特徴をみるほうがポピュリズム理解の早道でしょう。

ポピュリズムの特徴をあげてみます。

①直接的アピール

ポピュリズムは通常、カリスマ的指導者に率いられます。そして、かれは議会や政党の頭越しに、民衆に訴える手法を多用します。マスメディアの利用にも長《た》けていますが、ツイッターなどソーシャル・ネットワークを駆使して民衆の一人ひとりに語りかけます。その言説は単刀直入、短いフレーズをくり返し、民衆の感情をゆり動かします。

その点で、ポピュリストはデマゴーグ（扇動家）ともいえますが、それが一人芝居に終わらず、民衆を動員し組織化する影響力をもつことは軽視できません。

しかし、こうしたポピュリズムは指導者のカリスマ的資質に負うところが大きいため、指導者が欠けると四分五裂し、消滅するのがつねです。

②善悪二分論

ポピュリストの言説は是非善悪、正邪の二分論に立っています。しかも、えてして独断的です。複雑な政治・社会・経済問題を単純化し、民衆にわかりやすくアピールするためです。だから、なにごとにつけても敵と味方、善と悪を分け、敵を徹底的にたたく手法をとります。そして敵を排除し、殲滅《せんめつ》しようとします。その意味で、ポピュリズムは本質的に差別主義です。ポピュリズムが人種・民族・国籍・宗教・性による差別に走りがちなのはそのためです。また、ポピュリズムがナショナリズムと結びつくと、排外主義になります。

しかも、こうした差別的言動は道義によって正当化されます。「正義は我にあり」だからです。ポピュリズムの言説が政治的主張にとどまらず、しばしば道義的色彩を帯び、不正・邪悪との戦いになりがちなのはそのためです。

③反エリート

ポピュリズムは、政治に見捨てられた人たちの不満と怒りに根ざしています。その矛先は既成政党やエスタブリッシュメント（既成支配層、既得権層）、エリートや官僚に向けられ、反エリート・反エスタブリッシュメントの言動となってあらわれます。かれら特権層が民衆を抑圧し、政治への民意の反映を阻んでいると考えるからです。

その背景には、議会民主制の機能不全と政策決定の複雑化・専門技術化があります。ポピュリズムの情念が閉塞した政党政治の改革に向かえば、それは民主主義復権の契機となりうるでしょう。しかし、それが議会民主制の否定、テクノクラート（専門技術家）の敵視と排除に向かうなら、民主政治は麻痺《まひ》しファシズムに陥るおそれがあります。

④加害・被害の二重性

ポピュリズムは社会的弱者の反抗です。自らを社会的強者によって虐げられた被害者とみなし、同様の境遇にある人びとの同情を得ようとする一方、強者に対して激しく反抗します。しかし同時に、この弱者の心情は反転して、自分よりさらに弱い立場にある者に対して強者として振る舞うことがあります。これは心理学でいう「代償行為」でしょうが、自分ではそのことに気づいていません。

たとえば、移民問題にそれがみられます。元は移民でも成功者のなかには、新たな移民を嫌う人がいます。公民権を得て定住した移民は、不法移民を排斥します。不法移民のなかでも、職を得てそれなりに生活する者は、職もなく犯罪に走るスラム地区の移民を憎悪します。こうして、強者から弱者へ、さらなる弱者へと差別・排除の連鎖ができあがります。これはファシズムの心理的土壌です。

⑤権力の集中

ポピュリズムは権力の集中をともないます。むしろ、ポピュリストは権力の集中を意図するというべきかもしれません。とりわけ、カリスマ的指導者が率いるポピュリズムはその傾向が強く、指導者は権力を一手に握り、独裁政治をおこなおうとします。

しかも、民衆がこれを支持します。民衆が支持する権力は、強ければ強いほど望ましいからです。その意味で、ポピュリズムは〝下からの強権政治〟ということができます。ナチズムもそうでした。

権力の集中は、政治権力の集中にとどまりません。産業界や労働組合と結託し、教育・文化、マスメディアを懐柔して政府批判を封じ込めようとします。ポピュリズムがもくろむのは、政府への権力集中にとどまらず、さまざまな社会的勢力の統合なのです。ポピュリズムは全体主義にほかなりません。

以上がポピュリズムの主な特徴です。

それにしても、このようなポピュリズムが近年、なぜ先進国で台頭してきたのでしょうか。それが問題です。

グローバル化と議会民主制の機能不全

昨今のポピュリズムは、一言でいえばグローバル化のリアクションです。急速なグローバリゼーションが一国の政治機能を衰弱させ、政治に見捨てられた人たちの不平と怒りが高まったからです。

経済のグローバル化は、技術革新とあいまって、ヒト・モノ・カネ・情報の自由な流通を促進します。元来、資本に国境はありませんから、産業資本主義が金融資本主義になるとなおさらです。加えて近年、規制緩和・小さい政府を唱える新自由主義《ネオ・リベラリズム》（市場原理主義）の思潮が高まりました。そのため、政府の経済コントロール能力はいちじるしく減退しました。

経済のグローバル化は、国家間や国内における貧富の格差を拡大・固定化し、さまざまな社会の歪《ひず》みをもたらします。しかし、いまや経済の下僕と化した政府は、これを修復する能力も意思も持ちません。二〇〇八年、リーマン・ブラザーズ倒産をきっかけにした世界金融危機は、こうしたなかで起きました。規制なきヘッジファンドが世界を駆けめぐり、実体経済を食い物にします。グローバル化は国民経済を掘りくずし、一国の経済政策を無力化しました。

同時に、政治のグローバル化もすすみました。国家は多くの国際機関や条約・協定にしばられ、主権国家はいまやフィクションと化しつつあります。主権の絶対性は失われました。反グローバル運動が反ＥＵを掲げ、国家主権の回復を叫ぶのはその証左です。

ＥＵの政治統合は、いわば国家の上に新たな国家をつくる壮大な実験です。〝ヨーロッパ連合国〟を創出するために、加盟国はすでに主権の一部を放棄しています。自国の通貨発行権を放棄して共通通貨・ユーロを流通させ、国境管理権を緩和してビザなしの往来を自由にしました。また、主権の核心をなす国家安全保障については北大西洋条約機構（NATO）に頼っています。最近では、EU予算やEU常備軍の設置が論議されています。

主権国家という観念は国民国家《ネーション・ステート》の上に成り立っています。その国民国家がグローバル化によって溶解しつつあるのです。国民経済がグローバル化によって侵食されたのと同じように。

近代国家は、主権と領土と国民からなると説明されてきました。ところが、ヒト・モノ・カネ・情報の流通がグローバルな規模ですすむと、領土を分け隔てる国境の意味があいまいになります。国境を越えて移民が容易に流入し、外国人との混住が常態化すれば、国民の一体性はあやしくなります。そして、主権の概念もまた、国家間の経済的・政治的相互依存が深まるにつれて虚構化するにいたりました。

問題なのは、国家主権が虚構化すれば、人民主権も形骸化せざるをえないことです。民主主義の基盤である国民が分解すれば、民主主義は成り立ちません。これまでの民主主義は、いわば〝一国民主主義〟でした。グローバル化の現代、民主主義は果たして生き延びることができるのか――これは今世紀の最大の課題です。

しかし、そんな大きな問題を考える前に、見ておくべきことがあります。

さきほど、グローバル化が国家機能を衰弱させたと述べました。これは民主主義との関連でいえば、議会民主制の機能不全としてあらわれます。政治に見捨てられた人たちの不平不満の原因はここにあるといえるでしょう。ポピュリストが既成政党を批判し、議会や政党の頭越しに民衆との直接対話に力を入れるのはそのためです。

では、なぜ議会民主制は機能不全に陥ったのか。それは政党の劣化と議会の形骸化に起因します。

政党は本来、人びとの要求や意見を汲みとり、立党の理念にもとづいてこれを政策化し、有権者の支持を求めて活動するものです。ところが現実には、政党は利益集団の代理人と化し、票と政治資金の獲得に奔走する一方、利益集団はそれぞれに有利な政策の実現を政党に頼るという慣れあいの構造ができあがってしまいました。もっとも、この〝集票マシーン〟は経済成長期にはうまく機能しましたが、低成長期に入ると利益配分の資源が枯渇し、業界規制もゆるんでマシーンの性能が落ちました。その結果、政党離れが起き、無党派層が増えました。

議会の役割は、審議を通じて国民の合意を形成し、これを法律や決議に具体化することです。だから、多様な意見をたたかわせ、その長短を判断し、調整しなければなりません。

ところが、現状はどうか。これはみなさんご覧のとおりで説明の要はないでしょう。政策論議はそっちのけで、与野党の揚げ足取りに終始しています。国民不在の議会です。これでは、議会はとうてい「国民の代表機関」とはいえません。政治に見捨てられたと思う人、いや政治を見限る人が増えたのも当然でしょう。

ポピュリズムは政治の貧困がつくり出したものです。民衆がポピュリズム化したというよりも、政治が機能不全でポピュリズムという病気にかかったのです。

では、いまの日本の政治はどうか。ポピュリズム病にかかっていないか――検診の必要があります。

安倍政治はポピュリズムか

安倍晋三首相をポピュリストという人は多くないかもしれません。日本のポピュリストの代表は小泉純一郎・元首相です。かれに比べれば、安倍首相はカリスマ性に欠け、政治を〝劇場化〟する才腕も持ちあわせていません。

しかし、安倍首相はよく嘘《うそ》をつきます。ポピュリストはデマゴークでもありますから、嘘つきはポピュリズムのはじまりです。嘘も方便で民衆にアピールするのは、ポピュリストの常套《じょうとう》手段だからです。トランプ大統領の嘘つきぶりは世界中に知られていますが、安倍首相の嘘はもう少し観念的で、手が込んでいるためバレにくいだけのことです。

たとえば「積極的平和主義」――。これは要するに、いわゆる「一国平和主義」を脱して、世界の平和に貢献しようということです。安倍首相は二〇一四年の年頭所感で、「内向きな発想では、もはや日本の平和を守ることはできない」「『積極的平和主義』こそが、我が国が背負うべき『二一世紀の看板』だと確信している」と述べました。

直後の通常国会の施政方針演説では、「積極的平和主義」についてこう述べています。

「海を挟んだ隣国フィリピンの台風被害でも、一二〇〇人規模の自衛隊員が緊急支援を行いました。

避難する方々を乗せたC130輸送機は、マニラ到着とともに、乗客の大きな拍手に包まれました。『サンキュー、サンキュー』。子供たちは何度もそう言いながら、隊員たちに握手を求めてきたそうです。

日本の自衛隊を、日本だけでなく、世界が頼りにしています。世界のコンテナの二割が通過するアデン湾でも、海賊対処行為にあたる自衛隊、海上保安庁は、世界からも高い評価を受けています」

さらに、首相はODA（政府開発援助）や医療・保健、女性活躍の支援など、日本の国際貢献をあげたうえで、こうつづけます。

「私は、自由と民主主義、人権、法の支配の原則こそが、世界に繁栄をもたらす基盤であると信じます。日本が、そして世界が、これからも成長していくために、こうした基本的な価値を共有する国々と連携を深めてまいります。

その基軸が日米同盟であることは、言うまでもありません」
「国際協調主義に基づく積極的平和主義の下、日本は、米国と手を携え、世界の平和と安全のために、より一層積極的な役割を果たしてまいります」

じつは前年の二〇一三年一二月、国家安全保障会議（日本版NSC）が設置され、初の国家安全保障戦略が発表されましたが、そのなかに「一国平和主義」から「積極的平和主義」への転換が明記されていました。そして、これにもとづく防衛大綱、中期防衛力整備計画が閣議決定されていたのです。

安倍首相のいう「積極的平和主義」の実体が何であるかは、これで明らかでしょう。それは日米同盟の強化と国連PKO（平和維持活動）への全面参加です。そのためには、憲法で禁じられている集団的自衛権の行使を可能にしなければなりません。そこで、首相の私的諮問機関である「安全保障の法的基盤の再構築に関する懇談会」（安保法制懇。座長＝桜井俊二・元駐米大使）の提言にもとづき、二〇一四年に集団的自衛権行使を容認する憲法解釈の変更を閣議決定しました。

しかし、現実に自衛隊が参加するのは対テロ戦争です。テロ戦争に参加すれば当然、日本もテロ攻撃の対象になります。テロリストのターゲットは軍や軍事施設とはかぎらず、むしろ交通機関や市場、劇場、ホテル、繁華街、そしてわたしたち市民です。そのリスクを、首相は決して口にしません。国民の生命と安全を守るための防衛力の整備だと言い張ります。

これは嘘ではありませんか。嘘ではないまでも、真実の一面を隠すのは不正直でしょう。悪徳商法の手口です。

そのくせ、二〇二〇年の東京オリンピックをテロから守るため、共謀罪法（組織犯罪処罰法の改正）を「テロ等準備罪法」といいかえて成立させました。ここまでくると嘘も方便、口から出まかせです。

またPKOについていえば、現実の問題は南スーダンへの自衛隊の派遣でした。「PKO五原則」で戦闘地域への派遣はしないはずが、現地で戦闘が起きました。国会で追及された政府は、これは「戦闘」ではなく「衝突」だった。現地部隊の記録は廃棄したので「ない」と答弁しました。

ところが、日報の存在が明らかになると、防衛相は報告を受けていないとシラを切り、省をあげて隠蔽を図りました。防衛相が出席した会議で報告していたにもかかわらず。これでは、防衛相が嘘をついたとしか考えようがありませんが、安倍首相はその責任を問うこともなく、当の大臣は引責辞職。真相は闇に葬られました。

もうひとつ、例をあげておきます。ひところの「女性活躍社会」、次いで「一億総活躍社会」、そしていまは「働き方改革」といった安倍政権の〝看板政策〟です。これらはライフスタイルの多様化にともない、自分の個性にあった働き方や生き方が自由に選べるというのがうたい文句です。「ワーク・ライフ・バランス」などという珍妙な用語がスローガンになりました。

しかし、ホンネは生産年齢人口の減少に対処するため、女性や高齢者の労働力を掘り起こし、雇用の流動化と雇用形態の多様化を図ることによって、安価で使い勝手のよい労働力を企業に供給することです。これは労働力政策であって、労働者の権利の観点に立つ政策ではありません。これでは、男女の賃金格差や正規・非正規の待遇格差、過労死やブラック企業をなくすことはできません。

女性の管理職登用も結構ですが、それよりも女性のパート労働の待遇改善や女性社員のスキルアップが先決でしょう。それを抜きにして、企業の役員に一人は女性をと言ってみたところで、女性の地位向上になにほどの役に立つとも思えません。

要するに、企業の生産性向上のための労働力政策を、消費社会になじんだライフスタイルの「選択の自由」で偽装しているのです。多様な商品・サービスから気に入ったものを選ぶように、どうぞあなたの好みに合った働き方をお選びくださいというわけです。しかし、生活のために働くこととショッピングを楽しむこととは違います。

政治と嘘

――そういえば、政治家の嘘で思い出しましたが、ヒトラーは自伝『わが闘争』でこんなことを書いています。「政治家は小さな嘘はつくな。大きな嘘をつけ、くり返しつけ」。小さな嘘は庶民も日頃の暮らしでついているから、すぐバレる。が、かれらは天下国家の大きな嘘はついたこともなければ、つく必要もない。だからバレない。くり返しつくうちに真実だと思い込むようになる、というのです。

そこでちょっと脱線して、政治と嘘について考えておきましょう。

政治とは人を支配することです。人を支配する方法は三つしかありません。暴力で有無をいわさず押さえ込むか、カネや地位・名誉など利得で人を釣るか、それとも説得によって相手の同意を得るかです。ただし、説得には真実を告げて理性的同意を得る方法もあれば、嘘八百を並べたて錯誤の同意をかすめ取る方法もあります。

民主主義は暴力を排し、金権を嫌い、同意による政治をタテマエとしています。だから、民主政治は嘘がもっとも発達した政治です。しかも、メディアが発達すればするほど、嘘の効用は大きくなります。政治の嘘にだまされないために、情報のリテラシー（読解力）がいまほど必要なときはありません。

話を元にもどします。

第二に、安倍首相がポピュリストっぽいのは、批判を嫌うことです。そして、批判者に対して過度に攻撃的になります。これは敵・味方の善悪二分論に立つポピュリストの性癖です。

安倍首相は委員会審議で、閣僚席から野次をとばします。森友学園の国有地売却問題を追及する野党議員に対して「くだらない質問」「いい加減なことはいうな」「レッテル貼りはやめよう。一生懸命、印象操作されるが、何にもならない」。

加計《かけ》学園をめぐる疑惑の追及に対しても「まったく関係がなかったら、責任をとれるか」と開き直りました。

また、東京都議選の応援演説で、聴衆の一部からあがった「安倍やめろ」コールに、「こんな人たちに負けるわけにはいかない」と言い放ちました。

安倍首相にとって政治とは、敵と味方の勝負、正と邪の戦いです。戦《いくさ》には勝たねばなりません。勝つためには、手段は選びません。名分も要りません。それが先だっての臨時国会の冒頭解散でした。

民進党が離党騒ぎで選挙準備もできないのにつけ込んで、いまなら勝てると踏んだのでしょう。森友・加計疑惑の追及を逃れるためでもありました。疑惑には「丁寧に説明する」といい、一カ月半前の内閣改造では「仕事人内閣」と胸を張っていたにもかかわらず、仕事もせず議会の質疑にも応じない冒頭解散です。名分に事欠いた首相は「国難突破解散」だといいました。

しかし、街頭演説の聴衆のなかには「お前が国難」「大嘘つきにだまされるな!」とのプラカードを掲げる者もいたと報じられています（朝日新聞二〇一七年一〇月八日）。見え透いた嘘は庶民にもバレるもので、安倍首相は嘘のつき方がまだ下手なようです。

「安倍一強」の権力集中

三つ目のポピュリストぶりは、「安倍一強」といわれる権力の集中です。

一強は、党内に独裁体制を敷くことから始まります。派閥解消、カネのかからない選挙を名目に導入された小選挙区制は、公認候補の選定や選挙資金の配分を決める政党幹部の権限を強めました。これを使って自派閥の議員を増やし、反対派閥を締めあげて党内の勢力基盤を固めます。

同時に、政治主導を唱えて官僚の権限を弱めました。そのテコとなったのが内閣人事局の設置です。上級官僚の人事権を官邸が握ることによって、官僚を時の政権に従わせます。おかげで、物言う官僚はいなくなり、官邸の意向を忖度《そんたく》する役人ばかりになりました。

ブレーン政治も、議会や官僚の力を弱めます。首相直属の諮問機関に政策の基本方針を立てさせ、これを閣議決定することによって各省庁や族議員の抵抗を排除します。経済財政諮問会議はその例で、党内基盤の弱かった小泉元首相が設置したものですが、安倍首相も踏襲しています。このほか、安保法制懇、産業競争力会議、金融有識者会議、教育再生実行会議、一億総活躍国民会議、働き方改革国民会議、はては人生一〇〇年時代構想会議にいたるまで数えあげれば切りがありません。

安倍首相の支配力は、政府機構の外にも及びます。日銀総裁にアベノミクスを支持する黒田東彦《はるひこ》氏を据え、政府と二人三脚でゼロ金利・量的金融緩和政策を推し進めました。日銀の独立性はどこへやら、です。また、NHK経営委員の人事にもひそかに介入し、NHKを政府の広報機関に変えようとしました。

NHKだけではありません。マスメディアの「偏向報道」をとりあげ、圧力をかけています。そのせいか、昨今はマスコミあってジャーナリズムなしの観があります。野党も、労働組合も弱体化しているだけに、せめて言論の対抗力に期待したいところですが、心細いかぎりです。

とはいえ、森友疑惑の政府答弁につじつまを合わせた公文書の破棄・改竄《かいざん》が朝日新聞のスクープによって明らかとなり、安倍政権の即物的な嘘つきぶりがようやく天下に知れわたりました。ために、おおむね四割台を維持してきた内閣支持率は三割台前半まで急落。不支持率が五割に達し、安倍三選に影を落としています。

二〇一七年衆院選が残したもの

ポピュリズム化しているのは政府・与党だけではありません。野党もふくめ、政治全体がポピュリズム化しています。そのことをはっきり示したのが、今回の解散・総選挙とその結果でした。

安倍首相が〝大義なき解散〟に踏み切ったのは、いまなら与党が勝てると読んだからです。そして、「国難突破解散」と称して、北朝鮮の核・ミサイル開発の脅威を強調し、北への圧力外交の必要を訴えました。麻生太郎・副総理が自民党の勝因は「北朝鮮のおかげ」といったのはホンネでしょう。この人は口が軽すぎるだけで、根は正直なのです。

その一方、憲法改正については、首相は街頭演説でふれることはありませんでした。また、社会保障制度の赤字補填に充てるはずの消費増税について、増税分の一部を教育無償化に回すという大衆受けをねらった方針転換をしました。苦い薬をシュガーコートで包んだわけです。

小泉チルドレンだった小池百合子・東京都知事はポピュリストです。彼女が国政進出のために立ち上げた希望の党は、ポピュリズム政党です。財源のめどもなく、消費増税の凍結を公約にかかげました。憲法改正では安倍政権に同調しながら、対立を演出するために原発ゼロを公約するなど、選挙で勝つためのご都合主義はあからさまです。

しかし、都知事選や都議選と国政選挙は違います。地方選で〝小池旋風〟を巻き起こしたからといって、その神通力が地方組織もない全国に及ぶはずはありません。そこで、民進党を小池新党に抱き込んだつもりが、候補公認での「排除」発言がきっかけで、排除された民進党候補が立憲民主党を結成しました。これは小池氏の誤算です。その結果、希望の党は惨敗。筋を通した立憲民主党が野党第一党となり、小池代表は辞任しました。

日本維新の会は、これもポピュリストの橋下徹・元大阪府知事の創設した地域政党が国政政党に発展したものです。この新党は、大阪万博の成功のため国の支援が必要なこともあって、安倍政権との対立軸を明確に打ち出すことができません。だから、憲法改正に同調しつつ、改憲項目に政治機構の改革や教育の無償化をあげたりしています。憲法を改正しなくても可能な教育の無償化を財源の手当てもなしに公約するのは、やはりポピュリズムの手法といわざるをえません。

政治家は二〇年、三〇年先の国の将来を考えるが、政治屋は次の選挙のことしか考えないといわれます。この言を借りれば、政治屋ばかりが増えました。政党も長期的で齟齬《そご》のない政策が立てられず、これまた〝政治屋の徒党〟になり下がった観があります。これは政党と政党政治の劣化です。

このようにして選挙は、もはやだれも信用していない公約の〝仮装コンテスト〟になり下がりました。選挙自体がポピュリズム化したのです。それでも勝てば官軍、安倍一強体制はつづきます。嘘のボロが出るまでは。

ビアス『悪魔の辞典』の「投票」の項には、こうあります。

「多数派が少数派に反抗の愚かさを思い知らせるための単純なからくり。多数派はある固有の権利により統治し、少数派は主義ではなく、義務のために従うというのが、ややおつむの悪くなったお偉ら方の考え方である」

これが風刺や警句ではなく、平凡な現実なのはなんとも悲しいことです。

実際、選挙の大勝で勢いづいた政府・自民党は早速、衆議院での野党の質問時間を制限しました。衆院予算委員会の与野党の質問時間の比率を二対八から三対七に変えました。しかし、野党に質問時間を多く配分するのは、議会が行政監視の役割を果たすためであって、与党は法案の国会提出前に政府の説明を受け、了承しているのが通例だからです。

ところが、安倍首相は「(総選挙の結果) これだけの民意を頂いた。我々 (自民党) の発言内容にも国民が注目しているので、機会をきちんと確保していこう」と萩生田光一・幹事長代行に指示したと報じられています (朝日新聞二〇一七年一〇月二八日。萩生田氏は加計疑惑で当時、官房副長官としての関与を議会で追及され、否認した。今選挙で立候補、当選)。ここにも、批判を嫌う安倍首相のポピュリスト的性格があらわれています。

こうした安倍政治のポピュリズム化の現実を見るにつけ、司法は大丈夫かという懸念が強まります。民主主義の逸脱であるポピュリズムに対してこれを抑止し、法の支配と人権擁護の役割を司法が果たすことができるのか、という懸念です。

これは決して杞憂《きゆう》ではありません。図1と図2 (41ページ) を比べてご覧になれば明らかなとおり、裁判員制度を導入すれば政治部門と司法との権力の抑制・均衡が働かず、ポピュリズム政治の歯止めが効かなくなるからです。重ねていいますが、裁判員制度は裁判を多数者支配の場に変えることです。そして、ポピュリズムは多数者支配の暴走です。だとしたら、司法が法の支配を堅持しポピュリズムの暴走を抑止することなど、とうてい期待できるわけがありません。裁判員制度は決定的な設計ミスです。

なぜ、このような誤った制度を導入したのか。それを理解するためには、裁判員制度を柱とする「司法改革」とはいったい何だったのか、を改めて問い直す必要があります。

司法改革は何だったのか

裁判員制度の導入は司法改革の一環です。が、なぜ司法改革が必要になったのでしょうか。それを理解するには、司法改革に先立つ一連の改革をたどり直さねばなりません。

まず、一九八〇年代末から政治腐敗に対処するため、「政治改革」がおこなわれました。そして、カネのかからない選挙、二大政党制をめざす小選挙区制と政党助成制度が導入されました。九〇年代の後半には「行政改革」として、内閣の権限強化と省庁再編がすすめられました。同時に、国の行財政負担を軽減し、市場開放を迫る国際的圧力に応じるため「経済構造改革」が推進されました。その端的なあらわれが民営化です。

「民営化」とは、公営企業を民間企業に変えたり、官が独占していた公共サービスを市場開放して、民間企業に請け負わせたりすることです。しかし、護送船団方式に象徴される、業界利害の行政による事前調整ができなくなると、内外の企業間の法的紛争が多発することが予想されます。これを事後の司法救済によって処理するために、「司法改革」が必要になりました。その意味で、司法改革は一連の政治・行政・経済改革の総仕上げであり、受け皿づくりでもあったのです。

一九九九年、内閣の諮問機関として司法制度改革審議会が設置され、二〇〇一年に意見書を政府に提出しました。そのなかに、裁判員制度の提言があったのです。意見書を受けて同年、司法制度改革推進法が成立し、内閣に司法制度改革推進本部が設置されました。同本部は、裁判員制度の導入や刑事裁判の充実・迅速化を図るため、裁判員制度・刑事検討会（学者・実務家・有識者ら一一人で構成）を設けて原案を作成し、二〇〇四年に国会に提出、成立しました。これが裁判員法――正式には「裁判員の参加する刑事裁判に関する法律」です。そして、五年の準備期間をへて、二〇〇九年五月から施行されました。

審議会の意見書は、国民の司法参加について次のように述べています。

「二一世紀の我が国社会において、国民は、これまでの統治客体意識に伴う国家への過度の依存体質から脱却し、自らのうちに公共意識を醸成し、公共的事柄に対する能動的姿勢を強めていくことが求められている。国民主権に基づく統治構造の一翼を担う司法の分野においても、国民が、自律性と責任感を持ちつつ、広くその運用全般について、多様な形で参加することが期待される。国民が法曹とともに司法の運営に広く関与するようになれば、司法と国民との接地面が太く広くなり、司法に対する国民の理解が進み、司法ないし裁判の過程が国民に分かりやすくなる。その結果、司法の国民的基盤（民主的正統性）はより強固なものとして確立されることになる」

なんとも抽象的で、持って回った、お役所ふうの物言いですが、要するに、司法を国民に根ざしたものとするために、国民は主権者意識をもって司法に積極的に参加すべきだというのです。

司法制度改革審議会の会長を務めた佐藤幸治・京大名誉教授は、裁判員制度導入の趣旨をこんなふうに説明しています。

「審議会の意見書も『統治者（お上）としての政府観から脱して、国民自らが統治に重い責任を負い、そうした国民に応える政府への転換』を謳《うた》っているところです」

「ところが、裁判所は『お上』といった意識がなお強く、法曹はそうした『お上』に付着した人たちであるという観なきにしもあらずで、司法の基盤整備など自分たちと関係ないと思われがちなところがあることは否定しきれない。それだけに、司法（法曹）は国民の生活にこれだけ役立っている。これだけ重要な役割を果たしている、つまり、司法（法曹）は国民のものであるという気持ちを国民に持っていただき、司法の基盤整備を応援していただかなければならない。

そういう気持ちを持っていただくためにはいろいろな方法があるということなのですが、その中でいちばん中心になるのは、裁判手続への国民の参加なのです」（佐藤幸治・竹下正夫・井上正仁『司法制度改革』）

これでおわかりいただけたでしょう。裁判員制度は「司法の基盤整備」を国民に「応援」させるためのものです。そして、司法は国民のものという「気持ち」をもっていただけるように、お上が裁判員の義務を国民に押しつけたのです。「お上意識からの脱却」といいながら。

この発想には、司法の基盤整備→国民の司法参加→主権者としての自覚という思考の流れがあります。つまり、司法の基盤整備が必要なので、国民に司法参加させよう。国民は主権者の自覚をもて——といっているのです。

審議会の意見書も、司法参加によって「国民の司法に対する理解がすすみ、裁判の過程が国民に分かりやすくなり」「司法の民主的正統性がより強固に確立される」と述べていました。

司法は民主化してはならない

しかし、司法や裁判は、国民の「司法参加」によって「民主化」すべきではありません。司法は法により訴訟を裁く機関であって、国民の代表機関ではなく、裁判は民意を反映すべき場でもないからです。「民主化」や「参加」が必要なのは、政治部門についてのことです。

第2講で詳しく述べたとおり、国民主権や民主主義は統治の正統性を根拠づける原理であって、すべての政府機関が民主主義の制度化ではありません。また、民主主義の原理にしたがって機能すべきものでもありません。

民主化のために国民が関与すべきなのは、政治意思の形成・執行過程です。これに対して、司法は個別的争訟に対する法の適用です。だから、司法は法の支配の原理にもとづいて機能すべきものです。そうすることによって、政治部門と司法とのあいだに抑制・均衡が働き、政治・行政による民主主義の逸脱を法により抑制することが可能になります。

ところが、もし国民の「司法参加」で司法を「民主化」すれば、司法はその独立性を失い、政治の暴走に歯止めをかける役割は期待しようもありません。

しかも、裁判員制度の導入者が司法参加という場合の「参加」の理解が間違っています。考えてみていただきたい。政治参加というとき、それは政治過程への国民の関与のことですが、だからといってわたしたちが議員になり、立法権をもつわけではありません。そんなことをすれば、代議制民主主義は成り立ちません。

ところが、裁判員制度の司法参加は、国民が裁判員として、裁判官並みの権限をもつわけです。これは「参加」の域を超えた、司法権の〝民間委託〟です。例えていえば、民間人が選挙もなしに、クジ引きで議員になって、法律を制定するようなものです。

もう少し詳しく説明すれば、こういうことです。政治部門は政治的意思を形成・執行します。この政治過程への国民の関与は、国民が立法権や行政権をもつことではありません。

議会の場合は、公聴会や参考人の意見聴取で利害関係人や有識者が意見を述べることができます。また、パブリックコメントで一般市民が意見を表明することもできます。もちろん、陳情や請願も国民の権利として保障されています。しかし、これらは議会の立法などの参考にするためであって、市民が議会審議に加わることではありません。また、地方政治ではイニシアチブ（条例発案）という制度があって、住民が条例を発案することができます。しかし、これにはきびしい要件があるうえ、住民の提案を取り上げるかどうかは議会の裁量権に属します。いずれにせよ、議会の審議は議員だけでおこない、議員だけで議決します。それが代議制民主主義というものです。

行政の場合には、行政機関の長のもとに多くの諮問機関があって有識者・市民が意見を述べ、長に答申します。これによって、市民は重要な政策決定に関与することができますが、しかし市民が行政官となり、行政権をもつわけではありません。そんなことをすれば、行政組織がひっくり返ってしまいます。

ところが、裁判員制度の「司法参加」は一般市民が司法権をもち、裁判官とともに訴訟審理に加わり、判決を下します。これはもはや「司法参加」ではなく、司法権を一般市民に〝分有〟させるものです。司法権の〝民間下請け〟です。そんなことをすれば、「すべて司法権は、……裁判所に属する」と定めた憲法七六条一項に違反します。

国民の「司法参加」は、たんなる裁判所の組織上の問題ではありません。だれが司法権をもつか、という司法権の帰属の問題です。だから、どのような司法参加の制度をつくるかは立法裁量に属し、法律でどう決めてもよいというものではありません。

立法権や行政権を一般市民に付与すれば、代表民主主義（間接民主主義）は成り立ちません。同様に、司法権を一般市民に与えることは、三権分立の原則に反し、司法の独立を脅かします。「司法の独立」とは、立法・行政権から司法権を分離した統治機構のことですが、それは政治部門が「多数の支配」の原理に服するのに対して、司法は多数の支配から独立していることを意味します。司法は「法の支配」に仕える機関だからです。

ところが、裁判員制度は国民の司法参加によって、司法を法の支配ではなく、多数の支配のための機関に変えてしまいました。これでは、三権がいずれも多数支配の原理によって運用されることになり、権力の抑制・均衡が働く余地はありません。その結果、民主主義の暴走を食い止めるブレーキのない、アクセルだけの自動車のような危険にさらされます。「司法参加」によって、司法を「民主化」してはならないと述べたのはそのためです。

民主主義とは人民自治のことです。それほど司法を民主化したければ、いっそのこと〝人民裁判〟にすればよろしい。これぞキューキョクの裁判の民主化だろう――と雑談の折、知人の法曹に言ってみたら、そんな無茶なと一笑に付されました。

ならば、裁判官を選挙制にしたらどうか。今よりずっと民主的になる。フランス革命後、憲法はめまぐるしく制定・改廃されたが、一七九一年、九三年、九五年、九九年憲法のいずれも、裁判官はすべて国民の選挙によると定めていた。しかも、任期は一年か三年に限っていた。米国でも、州によっては今も下級判事を選挙するところがある。――というと、即座に反論されました。「冗談じゃない。一般市民が裁判官の資質や能力を判定するなんて、どだい無理だよ」。だったら、素人の裁判員の能力などハナから信用していないということでしょう。なのに、そんな素人の裁判員に司法権を付与するとは、とんと合点のゆかぬ話です。

このように考えてくると、「司法改革」のほんとうのねらいは何だったのかを問い直さざるをえません。結論を先取りしていえば、それは司法の「民営化」です。が、これは大きな問題ですから、次回のテーマとすることにしましょう。

第4講　司法の民営化――福祉国家から治安国家へ

民間刑務所

今回のテーマは司法の民営化です。――こういうと、えぇッ？　と奇異に思われるかもしれません。「民営化」は国鉄や電電公社、郵政事業のことじゃなかったの……と、お考えになるからでしょう。

しかし、民営化に「聖域」はありません。司法も民営化されました。その先例が民間刑務所です。

二〇〇七年、山口県美祢《みね》市に第一号が開所しました。人口一万七〇〇〇人、過疎化に悩む市が誘致した「官民共働による地域共生型刑務所」です。いまでは、全国六カ所に民間刑務所があります。

民間刑務所とは、刑務所の建物の設計・建設から保守・管理、業務の運営まで民間企業に任せるＰＦＩ（プライベート・ファイナンス・イニシアチブ）方式による刑務所のことです。

「官から民へ」「民にできることは民に」「改革に聖域なし」と叫んだ小泉元首相の民営化路線の産物です。郵政民営化の大騒動の陰にかくれていましたが、これが司法民営化の始まりでした。

美祢市の民間刑務所（正式には「美祢社会復帰促進センター」）を請け負ったのは大手の警備会社や建設会社のJV（企業共同体）で、国と二〇年間で五一億円の業務委託契約を結んでいます。

この民間刑務所にはコンクリートの塀がありません。赤外線センサーつきのフェンスがあるだけです。その代わり、受刑者の服にはICタグをつけ、警備室のモニターで四六時中、監視します。部屋の出入りは、指静脈の電子認証装置でチェックします。これは警備会社ならお手の物でしょう。独房の窓は鉄格子ではなく、強化ガラス。ベッドとテレビ、鍵のかかる整理戸棚もあって、ちょっとしたビジネスホテル並みだといいます。

しかし、問題がないわけではありません。民間の警備員には公権力がないため、脱獄者が出ても取り押さえることができません。また、外部の者との面会には許可が要りますが、警備員にはその権限がありません。ですから、美祢刑務所には民間の警備員約二〇〇人と刑務官約一〇〇人が配置され、手分けして業務に当たっています。しかし、両者の円滑な連携は容易なことではありません。警備員は防犯のプロであっても、受刑者の管理にはなんの知識も経験もなく、社会復帰のための教育や職業訓練などできるはずがありません。

このように、民営化は公的業務の公共性を損なうおそれがあります。民営化とは、公的業務のアウトソーシング（外注）にほかなりませんが、受注した民間企業は公的業務を営利事業にしてしまうからです。

その一例をあげておきます。

これは司法とは関係ありませんが、公立図書館の民営化の場合です。図書館は人手とカネがかかり、自治体にとってはお荷物です。そのため、公立図書館の民営化は早くからすすみ、全国の公立図書館（約三二〇〇）のうち二割（約六〇〇）がすでに民営化されています。しかし、その結果、図書館の公共性が損なわれる例も少なくありません。

たとえば、佐賀県武雄市の図書館はＰＦＩ方式で、運営を大手レンタル「ツタヤ」に任せました。建て替えた図書館は明るいガラス張りでカフェもあり、人気を呼びました。当初は入館者も増え、市は鼻たかだかでした。

ところが、利用者からの苦情でとんでもないことが露見しました。ツタヤは中古本を図書館に買わせていたのです。なかには『大人のバンコク極楽ガイド』『タイ・バンコクの夜遊び』といった風俗本まで混じっていました。

図書館は貸し本屋ではありません。公立図書館は、図書館法により公文書の保存、地方自治や郷土史の文献収集、司書によるレファレンス・サービスが義務づけられています。図書館業務は公共サービスだからです。ところが、そんなことはお構いなしに民間業者が図書館業務を営利の〝商売〟にしていたのです。

こうした不都合もあって、愛知県小牧市は公立図書館の民営化を住民投票に問い、否決されたため断念しました。いったん民営化した図書館を公立に戻した自治体もあります。

司法権の〝民間委託〟

このように、公共サービスのなかには民営化してはならないものがあります。司法サービスはその最たるものです。司法は公正でなければなりません。もし司法を民営化すれば、公正たるべき司法業務が営利追求のビジネスと化し、司法に対する国民の信頼を失ってしまいます。

にもかかわらず、刑務所は民営化されました。行刑の場が、まず民営化されたのです。その「司法の民営化」が刑事裁判にまで及んだのが裁判員制度です。

もっとも、裁判業務の〝外注〟先は民間企業ではなく、一般の民間人です。だから、裁判が営利事業になるおそれはないにせよ、民衆の情動によって裁判が左右され、公正さが失われるおそれがあります。裁判員と裁判官が合議で判決を下すといっても、裁判員六人と裁判官三人での多数決です。裁判員の意見が判決に大きな影響力をもつことは否定できません。

しかも、裁判員は刑務所の民間警備員と違って、公権力を与えられています。必要とあれば、被告人に死刑判決を下すこともできます。これは、証人や鑑定人、事件の被害者の意見陳述といった従来の「司法参加」ではありません。司法権自体を裁判員に付与したのです。これは司法権の〝民間委託〟です。あるいは、司法権の〝官民共有〟というべきかもしれません。
これがいかに異常なことかは、民間警備員に警察権をもたせた場合を考えてみれば、容易に理解できます。ご存じのとおり、たいていの官公庁は、庁舎の警備や駐車違反の点検業務を民間の警備会社に委託しています。しかし、かれらは公権力をもたないため現場確認をするだけで、警察に通報して対処してもらいます。犯人や違反者を逮捕し、起訴するのは警察・検察の仕事です。もし民間の警備員が警察権をもち、拳銃と警棒を携行し、現行犯の逮捕に当たればとんでもないことになります。
それなのに、民間人の裁判員に裁判官並みの公権力を与えたのはなぜでしょうか。

治安意識を国民に共有させる

裁判員制度を立案した池田修氏は、この制度の目的が長引く刑事裁判の迅速な処理にある。裁判員を訴訟審理に参加させれば、かれらを長期間にわたって裁判に拘束しておくことができないから、おのずから審理が促進されると説明しながらも、ぽろりとホンネをもらしています。

「なお、裁判員を経験することによって、社会の秩序や治安、あるいは犯罪の被害や人権などにつき、より強く関心を抱く国民が増えることが期待できる」(池田ほか『解説・裁判員法――立法の経緯と課題』)

これは聞き捨てなりません。裁判員制度の本当のねらいは、お上の治安意識・秩序感覚を国民に共有させることだったのです。つまり、裁判員制度を利用して、警察も裁判所も国民も共通の治安意識をもち、治安の維持・強化に協力させようというのです。これが「司法の民営化」の隠されたホンネです。

治安行政と司法は密接に関連しています。治安が強化されれば収監者が増え、刑務所が不足して民間刑務所が増設されます。風が吹けば桶屋《おけ》が儲《もう》かるわけです。そこで、治安行政の強化がどのような刑務所の現状をまねいているか、米国の場合をみておきましょう。

たとえばニューヨーク市は、犯罪の増加に対処するため取締りを強化し、徹底的な検挙をもってのぞみました。その結果、一九九三年から九六年の三年間で刑法犯の逮捕者が二四％増え、九六年の逮捕者は約三一万人。そのうち、麻薬取締法違反だけで約五万四〇〇〇人。一週間に一〇〇人以上の逮捕というハイペースです（ロイック・ヴァカン『貧困という監獄――グローバル化と治安国家の到来』）。

これにはわけがありました。警察署ごとに検挙数を報告させ、毎週の署長会議で公表して互いに競わせたのです。まるで保険会社が勧誘員に契約高を競わせるように。

治安強化に乗り出したのは、当時のジュリアーノ市長です。かれは「ゼロ・トレランス（不寛容）」を唱えて、検挙の徹底を図りました。ゼロ・トレランスとは、市民生活の平穏を脅かす騒音・酔っぱらい・かっぱらい・けんか・物乞《ものご》い・街娼・野宿など軽微な犯罪を容赦なく取り締まり、凶悪犯の芽を摘む治安政策のことです。とくに、スラムの若者が対象とされました。おかげで犯罪が減り、市民は安全をとりもどしたと喧伝《けんでん》されて、ジュリアーノ市長は治安行政の範とされ、一躍有名になりました（トランプ大統領はかれを国務長官に擬したが、固辞された）。

しかし、ニューヨーク・タイムズの世論調査によると、「前よりも街が安全になった」と感じる者は白人で八七％と圧倒的に多いものの、黒人では三割にとどまりました。また、「警察は職権を乱用しているか」との問いに対して、イエスと答えた白人は三割、黒人では六割にのぼりました。黒人と白人ではジュリアーノ市長のゼロ・トレランスの受け止め方はまるで違います（ヴァカン前掲書）。

また、ニューヨーク州には「スリー・ストライク法」と呼ばれる州法があります。これは、どんな軽微な犯罪でも三度有罪になると、終身刑を科すという法律です。常習犯はどうせ真人間になれないから一生、監獄に閉じ込めてしまえというわけです。これでは刑務所が不足して、民間刑務所が増えるのも当然でしょう。

しかし、民間刑務所はタダではありません。入所時に二五ドル（約二六〇〇円）の負担金と、毎日約二ドル（約二一〇円）ずつの部屋代と医療費を請求され、食費からトイレットペーパーまで自弁です。そのため、出所するときには多額の借金を背負い込み、働き口は容易に見つからず、またぞろ刑務所に舞い戻るといった例も少なくありません。
そのうえ、抜け目のない企業は、刑務所内に移民よりも安価な労働力を発見しました。そして刑務所と契約を結び、収監者を超低賃金で雇用し搾取します。月給は正規のおよそ五分の一で一八〇ドル（約一万九〇〇〇円）。それでも刑務所の労務の報奨一時間あたり四〇セント（約四二円）よりは割がいいので、応募者はあとを絶ちません。通信会社のオペレーターなどは、ほとんどこれだといいます（堤未果『ルポ・貧困大国アメリカII』）。

刑務所は〝人間廃棄物〟の埋立て場

社会学者のジグムント・バウマンは、こうした刑務所の現状を市場主義経済が生んだ「人間廃棄物の処分場」と評しました。

「かれらは、通常の生活パターンに同化させることもできず、再処理して社会に『有用な』成員に組み入れることもできない人口の余剰部分であって、リサイクル不能の人間廃棄物は、処分場、つまり刑務所に埋め立てるしかない」（『新しい貧困――労働、消費主義、ニュープア』）

また、各国の刑務所の実情を調査したロイック・ヴァカンは、こう結論しています。

「大量失業時代を迎えた今日、福祉国家が撤退した領域を警察がカバーするようになった。かつては雇用対策を通じ貧困の撲滅が講じられたが、今日では警察と刑務所が蔓延《まんえん》する貧困を管理するようになったのだ」

「裁判所と刑務所を通じた貧困管理政策への移行は、その国における経済・社会政策のあり方、および福祉国家の充実度によって大きく左右される。……つまり、その国の経済・社会政策が、社会関係の『商品化』を推し進めるネオリベラリズムに深く影響されていればいるほど、そして、その国の福祉体制がはじめから脆弱《ぜいじゃく》であればあるほど、確実に刑罰国家化が進むということである」（ヴァカン前掲書）

経済の自由化・グローバル化がすすみ、国家間でも国内でも貧富の格差が広がりました。そのため、貧民や移民が増えて地域共同体の安全が脅かされます。加えて、技術革新による省力化で、労働力の過剰が恒常化しました。かつて「産業予備軍」と呼ばれた失業者や離郷者は、いまでは就労の機会もなく生活困窮者となり、社会から脱落を余儀なくされます。それが犯罪多発の原因とされ、ノーマルな社会生活からの逸脱者を〝犯罪予備軍〟として、治安対策の対象とするようになりました。

市場主義を信奉し、小さい政府をめざす現代国家は、もはや失業や貧困を雇用政策や福祉政策によって解決する能力も意思も持ちません。社会の歪《ひず》みをもっぱら治安問題としてとらえ、犯罪の取締りに狂奔するにいたりました。この国家の変貌を、バウマンは「社会国家から治安国家へ」といい、ヴァカンは「福祉国家から刑罰国家へ」と呼んだのです。

では、日本の場合はどうでしょうか。

民間刑務所はその後、増えていません。犯罪も増えていません。移民・出稼ぎや難民の流入に対する不安も欧米のように顕在化せず、警察の取締りがとくに厳しくなったわけでもありません。しかし、刑務所の現状は憂うべきものです。二〇一六年版『犯罪白書』は「再犯の現状と対策のいま」と題されています。

白書によると、日本では近年、犯罪は増えていません。むしろ、刑法犯の認知件数は二〇〇三年の約二八五万件をピークに減りつづけ、一六年には戦後最少の約一一〇万件にとどまります。刑法犯の七割以上を占める窃盗の件数が大幅に減ったからです。

ところが、高齢者の刑法犯は増える一方です。その検挙人数は二〇〇八年まで顕著に増加していましたが、以後も高止まりのままで、二〇一六年は四万七六三二人。ここ二〇年間で三・八倍になっています。しかも、そのうち窃盗が五二％、万引きだけで三一％を占めます。とくに、女性では窃盗が九割以上、万引きだけで八割を占めます。

目をひくのは、高齢者の窃盗の再犯率が高いことです。刑務所を出所後二年以内の再犯が受刑者に占める割合は、男性が六五％、女性は五〇％で、他の年齢層より高いのです。これは、高齢の受刑者に経済的困窮者が多く、家族とも疎遠で、高齢による精神的不安定が原因とみられます。

とすると、本来、これは福祉政策で対処すべきことでしょう。端的にいえば、福祉の貧困が高齢者の再犯の増加をまねいています。バウマンに倣っていえば、刑務所は〝姥《うば》捨て山〟になっているのです。

貧困が犯罪を生むのは事実です。が、いまは、貧困自体が犯罪視されます。まして、貧困ゆえの生活保護受給者は、無為徒食の税金泥棒呼ばわりされかねません。

先日、こんなニュースに耳を疑いました。神奈川県小田原市のケースワーカーが、背中にローマ字で「保護なめんな」とプリントした揃《そろ》いのジャンパーを着て、世帯訪問をしていたというのです。「我々は正義だ。不当な利益を得るために我々をだまそうとするならば、あえて言おう。お前らはクズだ」との英文と、SHAT（生活保護、悪を撲滅するチームの略）のロゴもプリントされていました。胸には、「悪」の漢字に×印のついたエンブレムがあしらわれていました。

一〇年ほど前、生活保護を停止された男が担当職員をなぐった事件がきっかけで、自費で作ったものだといいます。同僚はただの図柄と見過ごしていたようですが、マスコミの報道で問題化しました。そのため、副市長は職員にジャンパーの着用を禁じ、自身を減俸処分にするというお粗末の一席と相成りました（二〇一七年一月一八日各紙）。

市民警察と公安警察

ところで、貧困の撲滅を犯罪の摘発に代え、福祉政策を治安対策に代えた現代治安国家は、治安行政を強化します。治安行政を担うのは、いうまでもなく警察です。

警察には二つの顔があります。市民警察（司法警察）と公安警察（政治警察）です。前者は泥棒や詐欺を捕え、市民生活の安全を守る警察。後者は反政府運動を取り締まり、政治秩序を守るための警察です。昨今の日本の治安行政の強化はこの両面に及びますが、その特徴は市民警察による官民提携の推進と、治安立法による公安警察の強化です。

まず、市民警察による官民提携の推進から見てみましょう。

その代表的な事例は「安心・安全のまちづくり」プロジェクトです。警察庁は一九九四年、このプロジェクトを推進するため生活安全部を設置しました。これにはいきさつがあります。

一九九〇年代から、子どもの誘拐や殺害事件が相次ぎました。ストーカー事件や児童虐待事件も目立つようになりました。そのため、暮らしの安全が脅かされていると感じる市民が増えました。いわゆる「体感治安」の悪化です。

こうしたことから、子どもの安全や暮らしの安心への関心がにわかに高まりました。そして、子どもの通学の安全を見守る住民パトロールや子どもの緊急避難所「安心の家」の設置、児童虐待の通報など、住民の自発的な防犯活動が広がりました。安心・安全のまちづくりは、そんな動きを受けたものでした。

警察庁保安部長は、このプロジェクトの趣旨をこう述べています。

「『地域安全運動の推進』は、犯罪の防止ばかりでなく、事故や災害からの被害の防止も含めた広い意味で、地域の安全を考え、これを民間、自治体、警察の三者の連携により確保していこうというものです。

この中でも特に大切なことは、民間防犯組織や最近盛り上がる傾向を見せつつあるボランティア活動に従事する方々が行う、身近な地域社会における犯罪や事故、災害等の発生を防止するための自主的な活動に対して、警察がいかに効果的な支援・援助をしていくかということです」

このプロジェクトは二〇〇三年、東京都の安心・安全のまちづくり条例の制定として実を結びました。都条例は、住民と警察と自治体が役割分担をして、地域の安全を確保するためのネットワークを定めています。これを皮切りに、同様の条例が全国の自治体に広がりました。

この例にみられるように、市民警察活動を効果的におこなうためには、住民に治安意識を共有させ、自警組織をつくる必要があります。住民・自治体・警察の「官民の共働」による安心・安全のまちづくりは、そのモデルでした。

しかし、こうした防犯態勢の整備には影がともないます。それは司法警察の予防警察化です。

司法警察とは、発生した犯罪を捜査し、犯人を逮捕・起訴する役割の警察のことです。これに対して、犯罪を未然に防止することを任務とする警察を予防警察といいます。

戦後の警察は、司法警察をあるべき姿としてきました。それは戦前の警察、とくに特高（特別高等警察）のような公安警察が、典型的な予防警察として人権侵害をまねいた反省によるものでした。ところが、官民協働の防犯態勢づくりにともない、市民警察までが徐々に予防警察化しつつあります。これがいきすぎると、さっきお話ししたゼロ・トレランス流に虞犯《ぐはん》少年（犯罪を犯すおそれのある少年）、いや、〝虞犯成人〟まで片っ端から検挙するといったことにもなりかねません。

治安維持法の再来

次に、治安立法による公安警察の強化を見てみましょう。公安警察はその性質上、予防警察たらざるをえませんが、そのいわば武器となるのが治安立法です。戦前、治安維持法のもとで、特高は思想犯を取り締まるために「予防拘禁」を常套《じょうとう》手段にしていました。予防拘禁とは、犯罪のおそれがあるという理由だけで身柄を拘束することです。むろん、犯罪を犯すおそれの有無は警察当局が判断します。

その治安維持法の再来といわれた共謀罪法（組織犯罪処罰法の改正）が先の国会で成立しました（二〇一七年六月）。これは公安警察にとって鬼に金棒です。犯罪を未然に防止する予防警察の本領が発揮できるからです。共謀罪法が処罰する「犯罪」はあいまいで、いくらでも拡大運用できます。ふとした日常の会話が組織犯罪の「共謀」として取り締まりの対象になりかねません。これは予防拘禁の復活です。共謀罪法が治安維持法の再来といわれたのはそのためです。

そこで、治安維持法についてふれておかねばなりません。

治安維持法は一九二五年に制定、二八年と四一年に改正されました。その目的は、国体（天皇制）と私有財産制を否定する結社を禁じることでした（一条）。が、実際のねらいが社会主義思想と運動の禁圧にあることは、制定の経緯から明らかでした。

治安維持法の制定と同じ年、普通選挙法が成立しています。これによって選挙権が拡大され、無産政党の進出が予想されました。加えて、ロシア革命（一九一七年）後の国際共産主義運動（コミンテルン）の日本への波及が恐れられました。なんとしても、共産党とそのシンパを禁圧する必要があったのです。

しかし、治安維持法は当初の目的を超えて乱用されました。天皇制や私有財産制の否定とならんの関係もない学生の俳句の同好会が検挙され、知識人の出版記念のつどいが共産党結成の共謀として検挙され、拷問を受けました。自由主義者も弾圧を免れず、民主主義を口にすることさえはばかられました。政治学者の吉野作造は、民主主義を「民本主義」と言い換え、天皇機関説を唱えた美濃部達吉・東大教授は、「国体」に反する学説を流布したとして著書は発禁処分、議会の追及を受けて貴族院議員を追われました。

こうしたことが起きたのは、治安維持法が本質的に思想取締法だったからです。思想の取締りには限度というものがありません。思想が天皇制や私有財産制を否定するものかどうかは、なんとでも言えます。当局がそう判断すればいいいだけのことです。

治安立法は、政府の意図する政治秩序を確立し維持するための法律です。だから、その政治秩序に反する目的をもつ結社活動を未然に防ぐには、反政府的な思想自体を取り締まる必要があります。人の行動ではなく、内心の思想・信条にまで踏み込んで規制することになり、それゆえに治安立法はかならず乱用されるものなのです。

では、戦後の治安立法はなにを守ろうとするのか。いかなる政治秩序を維持しようとしているのか。それは日米安保体制です。

戦後の治安立法は、占領目的有害行為禁止令（一九四五年）に始まり、団体等規制令（四九年）、日米安保条約にもとづく刑事特別法（刑特法。五二年）、破壊活動防止法（破防法。同年）、公安調査庁設置法（同年）、日米相互防衛援助協定に伴う秘密保護法（ＭＳＡ秘密保護法。五四年）、政治的暴力行為防止法（政防法。六一年）、国民保護法（二〇〇四年）、特定秘密保護法（一六年）、そして共謀罪法（組織犯罪処罰法の改正。一七年）にいたるまで、その主たる目的は一貫して日米安保体制の秩序維持に置かれています。

共謀罪法も政府が「テロ等準備罪法」と称するように、テロ対策としての国家安全保障にかかわっています。日米同盟を強化し集団的自衛権を行使して、「国際安全保障に積極的貢献」をすれば、日本がテロ攻撃を受けるおそれが高まります。二〇二〇年の東京オリンピックを安全に開催するために必要な法律だ、という政府の説明も理由がないわけではありません。

戦争と治安

ここで、国家の安全（security）と市民の安心（safety）との違いをはっきりさせておきましょう。

「安全」は、国家が必要とする政治秩序を保持する意味で使われます。だから、国家《ナショナル・》安全保障《セキュリティー》といいますが、国家の「安心」とはいいません。国家の「安全」を守るためには、テロリストや政府の転覆を企てる集団が制圧の対象になります。

他方、「安心」とは、市民生活の秩序を保持することです。個人の日常の暮らしが脅かされないようにすることです。それは市民を保護するためであって、市民を制圧するためではありません。この点で、「安心」と「安全」は異なります。

もっとも、両者には重なる部分があることも事実です。たとえば、テロやサイバー攻撃は市民に対しても向けられます。しかし、その場合でも、取り締まりの目的は国家の安全保障にあり、市民の安心は副次的効果にすぎません。

サイバー攻撃は官庁だけでなく、民間企業や個人のコンピューターにも加えられます。また、昨今のテロ攻撃は、軍や軍事施設にとどまらず、市民生活のインフラや公共施設、一般市民を標的にします。しかも、国外からの潜入より、国内に潜伏するテロリストの攻撃が増えていますが、これを捜索・検挙するのは警察の任務です。こうして、テロに対する国家安全保障は限りなく警察の治安活動に近づき、軍と警察の連携を不可避にします。

事はなにもテロやサイバー攻撃に限りません。大規模な自然災害や経済危機で銀行の取り付け騒ぎが起きたときなど、警察の手に負えない混乱には軍が治安出動します。警察の治安活動の背後には、いつも軍が控えていることを忘れてはなりません。

国内の治安対策と国家安全保障とは表裏一体です。国家が臨戦態勢に入れば、治安が強化されます。9・11の米同時多発テロで、愛国者法《パトリオット・アクト》が制定され、アフガン、イラク両戦争を通じて令状なしの電話・通信の傍受が日常化しました。治安維持法も日中戦争、太平洋戦争と戦火が拡大するとともに、改正・強化されました。

日本はいま、集団的自衛権をいつでも発動できる臨戦態勢に入りました。平和国家から〝戦争国家〟への変貌です。だから、治安体制の強化を図る治安立法が必要になるわけです。共謀罪法も、その例外ではありません。

治安対策を効果的に推進するためには、政府の治安意識を司法にも、国民にも共有させねばなりません。「司法にも」といったのは、もし司法が独立していて、司法権と行政権とのあいだで抑制と均衡が働けば、無法な治安警察活動を司法が阻みうるからです。ところが、治安維持法のもとで司法は特高の無法な活動を野放しにし、これを追認しました。警察と司法が治安意識を共有していたからです。そして、司法は治安機構化し、警察と司法が二人三脚で治安の強化に当たったのです。

戦前は、司法の独立もなく、三権分立も確立していませんでした。だから、権力分立による抑制と均衡は働かず、警察行政の暴走に歯止めをかけることもできませんでした。天皇主権の憲法だったからです。

旧憲法の大原則は、天皇が「統治権を総攬《そうらん》」することでした（四条）。そして、議会は天皇の立法権行使の「協賛」機関にすぎず（五条）、各大臣は天皇の行政権行使を「輔弼《ほひつ》」するにとどまり（五五条一項）、司法権は「天皇ノ名ニ於《おい》テ之《これ》ヲ行フ」（五七条一項）と定めていました。名分上は天皇親政なのです。

とはいえ、旧憲法も法治国家の体裁はとっていた以上、裁判官も無法な治安行政に手を貸した責任を免れるものではありません。しかし戦後、だれ一人として引責辞職する裁判官はいませんでした。かれらは、憲法が天皇主権から国民主権に変わってても別にどうということではなく、〝一君〟に仕えました。裁判官も小役人でしかなかったのです。

共謀罪法が施行されたいま、治安行政の強化に対して司法は歯止め役を果たせるのか、という疑念がつのります。もし司法が警察当局の治安意識を共有していれば、人権侵害の歯止め役はとうてい務まりません。

ところが、司法と警察の治安意識の共有はすでに進み、司法はいまや治安機構化しつつあります。次回は、その現状を検証することにしましょう。

始めに民営化ありき

――と話を終えようとすると、聴講生の手が遠慮がちにあがりました。

「あの……きょうのお話で、民間刑務所が公共業務の民営化なのはわかりますが、裁判員制度まで司法の民営化だというのは、どうものみ込めないのですが……」

ウーム。どうやら、わたしの説明が足りなかったようですね。話を補っておきましょう。

民営化の推進力となったのは財界です。日本経済団体連合会（経団連）は二〇〇四年、「行政においては、規制緩和を通じて行政サービスを民間に開放し、この分野の膨大な潜在需要を顕在化させ、地域活性化と雇用創出につなげていくことが求められる」と政府に迫っていました。

翌年、これに応えて政府の経済財政諮問会議（首相が議長）は「官製市場の改革で……市民が主体となって公共サービスを提供できる仕組みをつくる」方針を打ち出し、同年、地方行政刷新研究会が『分権型社会における自治体経営の刷新戦略――新しい公共空間の形成を目指して』と題するリポートを発表しました。

「新しい公共空間」とは耳慣れない言葉ですが、これまで官任せだった公共サービスを民間も担おうというのです。「民」には民間企業のほか、ＮＰＯ（非営利組織）やＮＧＯ（非政府組織）、ボランティアグループなども含みます。つまり、市民は官が提供する公共サービスの受給者にとどまることなくその供給者となり、官民が協力して公共サービスを担おうというわけです。

こうした民営化は司法にも及びました。司法制度改革審議会の意見書は「『公共性の空間』の再構築と司法の役割」と題した章で、こう述べています。

「行政改革会議の『最終報告』は『公共性の空間』は、決して中央の『官』の独占物ではないことを強調した。既に触れた政治改革、行政改革等の一連の改革は、自律的個人を基礎とし、国民が統治の主体として自ら責任を負う国柄へと転換する中で、豊かな『公共性の空間』を築き、心臓と動脈の余分な附着物を取り除き、その本来の機能の回復・強化を図ろうとするものである。この比喩によるならば、司法改革は、従前の静脈が過小でなかったかに根本的反省を加え、二一世紀のあるべき『この国のかたち』として、その規模及び機能の拡大・強化を図ろうとするものであると言えよう」

こんな抽象的な文章で、意味が読み取れる人はどれほどいるでしょうか。「国柄」「国のかたち」といった曖昧な言葉や「動脈」「静脈」といった比喩で論旨は不明瞭ですが、言わんとしているのはじつは次のことです。

経済の自由化と小さい政府のために規制緩和をする。護送船団方式の行政指導はやめ、市場経済に委ねる。そうすることで経済を活性化し、雇用を創出したい。行政による事前調整を廃止すると紛争が多発するだろうが、それは事後の司法処理に任す。その受け皿づくりのために、司法改革が必要だ。

そのうえで、意見書は、裁判員制度導入の理由をこう説明しています。

「司法ないし裁判の過程が法律専門家以外の国民に分かりにくいという指摘がなされているが、国民が法曹とともに司法の運営に広く関与するようになれば、司法と国民との接地面が太く広くなり、司法に対する国民の理解が進み、司法ないし裁判の過程が国民に分かりやすくなる。その結果、司法の国民的基盤はより強固なものとして確立される。このような見地からも司法参加を拡充する必要がある」

以上が、裁判員制度の導入のおおまかな経緯です。

これでおわかり願えると思いますが、「民営化」は財界と政府が仕組んだ、経済自由化のための方策でした。民営化にはいろんな方式があります。公営企業の民営化のほか、業務の外部委託、公共施設の民間への運営委託、指定管理者制度（ＰＦＩ）、官民競争入札などで、公共業務の民間への外注はそのひとつです。これを「官民の共働」「新しい公共空間」「市民参加」といった言葉でつくろっていますが、実態は官が独占していた公共サービスの民間への肩代わりにほかなりません。

司法制度改革審議会もいうように、裁判員制度は「国民が法曹とともに司法の運営に広く関与する」仕組みです。これは司法業務の「官民共働」、司法の「民営化」にほかなりません。始めに民営化ありき——なのです。

「国民にわかりやすい裁判」とか、「司法の国民的基盤の強化」とかいうもっともらしい大義名分や、「新しい公共空間の形成」「統治の主体としての国民」といったおためごかしは、すべて後付けのリクツです。かつて、某政治家は「リクツはあとから貨車で来る」といいましたが、リクツにだまされてはなりません。

第5講　司法の治安機構化——警察と司法の連動

判例にみる治安意識

今回のテーマは司法の治安機構化です。いいかえれば、司法と警察がいかに治安意識を共有し、両者が連携して治安対策を進めているかということです。

それを検証するには、公安事件に関する裁判所の判決をみるのがいいでしょう。以下、最高裁判決を中心に主な判例をとりあげます。

①破防法事件（最高裁一九九〇年九月二八日小法廷判決）

事件は、一九七一年一〇月から一一月にかけて行われた沖縄返還協定反対運動の集会で、中核派全学連委員長が「自ら武装し、機動隊を殲滅《せんめつ》せよ」「一切の建物を焼きつくして新宿大暴動を実現する」などと演説したことが、破壊活動防止法（破防法）が禁じるところの「政治上の施策に反対する目的のもとに」騒擾《そうじょう》罪・現住建築物放火罪・殺人罪・警察官の公務執行妨害罪の「扇動」にあたるとして起訴されたものです。一審・東京地裁、二審・東京高裁とも有罪判決。最高裁は次のように述べて、上告を棄却しました。

「破壊活動防止法三九条及び四〇条のせん動は、政治目的をもって、各条所定の犯罪を実行させる目的をもって、文書若しくは図画又は言動により、人に対し、その犯罪行為を実行する決意を生ぜしめ又は既に生じている決意を助長させるような勢のある刺激を与える行為をすることであるから（同法四条二項参照）、表現活動としての性質を有している。しかしながら、表現活動といえども、絶対無制限に許容されるものではなく、公共の福祉に反し、表現の自由の限界を逸脱するときには、制限を受けるのはやむを得ないものであるところ、右のようなせん動は、公共の安全を脅かす現住建築物等放火罪、騒擾罪等の重大犯罪をひき起こす可能性のある社会的に危険な行為であるから、公共の福祉に反し、表現の自由の保護を受けるに値しないものとして、制限を受けるのはやむを得ないものというべきであり、右のようなせん動を処罰することが憲法二一条一項〔表現の自由〕に違反するものでないことは、当裁判所大法廷の判例……の趣旨に徴し明らか」である。

この判決には、いくつか問題があります。

第一点は、言論活動としての扇動が現実の危険を起こさなくても、扇動自体を社会的に危険な行為として処罰しうるとしていることです（抽象的危険説）。東京高裁判決（一九八八・一

○・一二）も、「せん動罪という行為はそれ自体法益侵害ないし刑法的意味における危険性のあるものであるから、これを処罰の対象とする破防法の右規定はなんら憲法二一条に違反するものではない」として、扇動罪を一般的に合憲と判示しています。行政解釈も同様です。

しかし、扇動によって犯罪が誘発されるかどうかは状況いかんによる以上、特定の状況下で当該演説が犯罪を誘発する具体的な危険がある場合に限って、扇動罪を適用しうると解すべきでしょう（具体的危険説）。これは学界の多数説です。

第二に、表現の自由の限界として、「公共の福祉」論をとることは安易にすぎます。表現の自由は、民主主義を支える人権として憲法上、「優越的地位」を占める以上、その限界はより厳格な「明白かつ現在の危険《クリア・アンド・プレゼント・デインジャー》」におくべきです。これはホームズ米最高裁判事が主張し、判例となったものですが、かれは真っ暗な映画館のなかで「火事だ！」と叫ぶ例をあげています。言論規制は、その言論が直ちに必ず社会的害悪をもたらすと認められる場合に限るべきだ、との趣旨です。この表現の自由の限界論は日本の学界でも支持され、通説となっています。

第三の問題点は、「公共の福祉」と「公共の安全」を同一視していることです。しかし元来、両者は異なる概念です。憲法にいう「公共の福祉」は、各人がもつ権利・自由の相互の調整原理であるのに対して、「公共の安全」は警察法上の概念であって、治安維持のために権利・自由の制限を正当化するものです。だから警察法は、警察の目的を「公共の安全と秩序の維持」と定めています（一、二条）。「公の秩序」「公共の安寧」なども同義語です。

ちなみに、自民党の憲法改正草案は現行憲法の「公共の福祉」をあえて「公益及び公の秩序」と変えています。その趣旨を、パンフレットのQ&Aはこう解説しています。

「従来の『公共の福祉』という表現は、その意味が曖昧で、分かりにくいものです。そのため学説上は『公共の福祉は、人権相互の衝突の場合に限って、その権利行使を制約するものであって、個々の人権を超えた公益による直接的な権利制約を正当化するものではない』などという解釈が主張されています。

今回の改正では、このように意味が曖昧である『公共の福祉』という文言を『公益及び公の秩序』と改正することにより、憲法によって保障される基本的人権の制約は、人権相互の衝突の場合に限られるものではないことを明らかにしたものです」

これでは、権利に内在的な制約原理である「公共の福祉」を、権力による外からの制約原理である「公の秩序」に変えることによって、「永久不可侵の基本的人権」(一一条)は公益や公の秩序に服する〝条件つき権利〟となり、「公益」に優先される〝私益〟にすぎないものとなります。そして、公益を判断するのは政府であり、公益とはつまるところ〝国益〟にほかなりません。

「そこ退け、そこ退け、国益が通る」――これは人権否定の国家主義、全体主義です。

これは明治憲法と似ています。ご存じのとおり、明治憲法にも権利規定はありました。第二章「臣民〔ノ〕権利義務」がそれです。が、その草案審議の折、森有礼《ありのり》・枢密院議員（米国で苦学。初代の文部大臣）が異論を唱えました。「臣民トハ英語ニテ申スナレバ subject. 天皇ニ服従スル者ノ意デアッテ、臣民ニ権利ハナイ。章題ハ、スベカラク『臣民ノ分際』トスベシ」。

憲法草案の起草者で、議長を務めていた伊藤博文は、立憲主義国の憲法にはいずれも権利規定がある旨を説いて、森をなだめました。このエピソードが示すとおり、明治憲法は外見立憲主義、その実は天皇絶対主義の憲法でした。

だから、臣民の義務は臣民の権利に優先します。たとえば、信教の自由について「日本臣民ハ安寧秩序ヲ妨ケス及臣民タルノ義務ニ背カサル限ニ於《お》テ信教ノ自由ヲ有ス」（二八条）と定めていました。その他の権利についても、「法律ノ定ムル所ニ従ヒ」「法律ノ範囲内ニ於テ」「法律ニ定メタル場合ヲ除ク外」などと法律による制限を認めていました。しかも、立法権は天皇にあります（五条）。

これで明らかなように、国民の義務を権利に優先させれば、法律によっても侵害されない人権などありえません。もし「公益」や「公の秩序」の制限を認めれば、基本的人権は明治憲法の「臣民の権利」並みになってしまいます。

デモ不許可は暴徒化の予防

②東京都公安条例事件（最高裁一九六〇年七月二〇日大法廷判決）

被告人らは東京都公安条例に違反して、都公安委員会の許可なしに警職法（警察官職務執行法の改正）反対のデモ行進を指導したため、起訴されました。

一審・東京地裁は、都公安条例が届出制ならともかく、許可制であるため憲法二一条（表現の自由）に違反するとして、被告人らに無罪を言い渡しました（一九五九・八・八）。検察側は、都条例の各条を総合判断すれば、これは届出制と解されるとして東京高裁に控訴。事件が最高裁に移送されたものです。

最高裁は次のように判示し、原判決を破棄・差し戻しました。

「集団行動による思想等の表現は、単なる言論、出版等によるものとはことなって、現在する多数人の集合体自体の力、つまり潜在する一種の物理的力によって支持されていることを特徴とする。かような潜在的な力は、あるいは予定された計画に従い、あるいは突発的に内外からの刺激、せん動等によってきわめて容易に動員され得る性質のものである。この場合に平穏静粛な集団であっても、時に昂奮《こうふん》、激昂《げっこう》の渦中に巻きこまれ、甚だしい場合には一瞬にして暴徒と化し、勢いの赴くところ実力によって法と秩序を蹂躙《じゅうりん》し、集団行動の指導者はもちろん警察力を以《もっ》てしても如何《いかん》ともし得ないような事態に発展する危険が存在すること、群集心理の法則と現実の経験に徴して明らかである。従って地方公共団体が、純粋な意味における表現といえる出版等についての事前規制である検閲が憲法二一条二項によって禁止されるにかかわらず、集団行動による表現の自由に関するかぎり、いわゆる『公安条例』を以て、地方的情況その他諸般の事情を十分考慮に入れ、不測の事態に備え、法と秩序を維持するに必要かつ最小限度の措置を事前に講ずることは、けだし止《や》むを得ない次第である」

ここには、デモ隊を潜在的暴徒とみなす取締りの観点が露骨に示されています。そして、「法と秩序の維持」のために、表現活動であるデモ行進の事前規制を一般的に正当化しています。これは、警察と司法の治安意識の共有を端的に示すものです。

そのうえで判決は、なにが必要かつ最小限度のデモ規制かについてこう述べています。

「公安委員会は集団行動の実施が『公共の安寧を保持する上に直接危険を及ぼすと明らかに認められる場合』の外はこれを許可しなければならない（三条）。すなわち許可が義務づけられており、従って本条例は規定の文面上では許可制を採用しているが、この許可制はその実質において届出制とことなるところがない。……『公共の安寧を保持する上に直接危険を及ぼすと明らかに認められる場合』には、許可が与えられないことになる。しかしこのことは法と秩序の維持について地方公共団体が住民に対し責任を負担することからして止むを得ない次第である」

しかし、都公安条例をたとえ実質上の届出制と解しても、「公共の安寧を保持する上に直接危険を及ぼすと明らかに認められる場合」は許可されず、その判断は公安委員会の裁量に委ねられている以上、不許可を「必要かつ最小限度」にとどめたことにはなりません。

選挙は警察が取り締まる

③戸別訪問事件（最高裁一九八一年六月一五日第二小法廷判決）

事件は、衆院選候補者の支援者が投票を依頼するため、戸別訪問をしたことが公職選挙法違反に問われたものです。被告人は、戸別訪問の一律禁止は憲法の表現の自由（二一条一項）に違反すると主張しました。

一審・松江地裁出雲支部は、「戸別訪問は、選挙運動の方法として、他の方法をもって代替しえないほどの意義と長所を有するものであり、財力のない一般国民にとっては、なくてはならない選挙運動なのである。従って……憲法的選挙運動観に立脚すれば、戸別訪問は、むしろ推奨されなければならないということができる」として、戸別訪問を一律禁止した公選法一三八条一項、一三九条一項三号の規定は憲法二一条一項に違反すると判示しました（一九七九・

一・二四)。

検察側は控訴しましたが、二審・広島高裁松江支部も「戸別訪問の禁止は、憲法上許される合理的で必要やむを得ない限度の規制を超える」として、一審の違憲判決を支持しました(一九八〇・四・二八)。

上告を受けた最高裁は、次のように述べて原判決を破棄・差し戻しました。

「戸別訪問の禁止は、意見表明そのものの制約を目的とするものではなく、意見表明の手段方法のもたらす弊害(買収、利益誘導等の温床となり、選挙人の生活の平穏を害するなど)……を防止し、もって選挙の自由と公正を確保することを目的としている」

この目的は正当であり、戸別訪問の一律禁止により意見表明の自由が制約されることになっても

「戸別訪問以外の手段方法による意見表明の自由を制約するものではなく、単に手段方法の禁止に伴う限度での間接的、付随的な制約にすぎない」

その反面、戸別訪問の禁止により得られる利益(腐敗の防止、選挙の自由・公正の確保)は、

失われる利益に比してはるかに大きいとして

「戸別訪問を一律に禁止している公職選挙法一三八条一項の規定は、合理的で必要やむを得ない限度を超えるものとは認められず、憲法二一条に違反するものではない」

としたうえで、判決はこう付け加えます。戸別訪問を一律に禁止するかどうかは立法政策の問題であって、「国会がその裁量の範囲内で決定した政策は尊重されなければならない」。

ここには、選挙運動を参政権の行使として理解せず、選挙をもっぱら取締りの対象としてとらえる警察的観点がうかがえます。しかも、選挙運動の規制を立法裁量とすることによって、憲法判断を回避しています。

ビラ戸別配布は住居侵入罪

④政党ビラ配布事件（最高裁二〇〇九年一一月三〇日第二小法廷判決）

事件は、東京都内の住民がオートロックのない集合マンションに立ち入り、共産党議員の議会報告をドアポストに投函したところ、マンションの居住者が警察に通報。住居侵入罪容疑で逮捕、二三日間の勾留の後、起訴されたものです。

住居侵入罪とは、「正当な理由」なしに他人の住居に侵入することです。一審・東京地裁は

「マンション内に立ち入ってビラを配ることが、当然に刑罰をもって禁じられている行為であるとの社会的通念は確立されていない」「ピザ等の宅配業者の商業ビラの投函で、逮捕・起訴された例はない」として、無罪判決を下しました（二〇〇六・八・二八）。

検察側の控訴を受けた二審・東京高裁は、マンション玄関に「チラシ・パンフレット等広告の投函は固く禁じます」との張り紙があったことから、「住民の許諾を得ずにマンションに入り、ビラを投函しながら滞留していた行為が相当性を欠くことは明らか」だとして、罰金五万円の逆転・有罪判決を下しました（二〇〇七・一二・一一）。

上告を受けた最高裁は、東京高裁判決を支持し

「立入りが管理組合の意思に反するものであることは明らかであり……被告人は七階から三階までの廊下等に立ち入った行為は、法益侵害の程度が極めて軽微なものであったということはできない」

と判示しました。そして、被告人が主張する表現の自由については

「その手段が他人の権利を不当に害するようなものは許されないというべきである。……被告人が立ち入った場所は、本件マンションの住人らが私的生活を営む場所である住宅

の共用部分であり、……私的生活を営む者の私生活の平穏を侵害するものといわざるを得ない」

としました。

しかし、たとえ「チラシ投函禁止」の張り紙があったにせよ、マンションのドアポストにチラシを投函したことが、住民の「私生活の平穏の侵害」だというのは首をかしげざるをえません。まして、マンションの通路への立入りに管理組合の許可を得なかったからといって、住居侵入罪にあたるとはいえないでしょう。部外者が所用でマンションに出入りするのに、いちいち管理組合の許可など取っていません。

どう考えても、処罰しなければならないほどの違法行為があったとは思えません。共産党のビラだったから起訴・有罪になったのか、と勘ぐりたくもなります。

もうひとつ、重大な政治事件をあげておきます。

基地反対運動は厳罰

⑤砂川事件（最高裁一九五九年一二月一六日大法廷判決）

事件は一九五七年、東京調達局が米軍立川飛行場の拡張のため測量を実施したところ、一〇〇〇人以上の住民・学生・労組員が抗議行動をおこないました。その際、集団の一部が柵を破り基地内に数メートル立ち入ったことが、日米安保条約にもとづく刑事特別法違反として起訴されたものです。

ちなみに、一般に立入禁止場所に正当な理由なく立ち入った場合、軽犯罪法で拘留または科料に処せられます（一条三二号）が、米軍施設の立入禁止区域の場合には、刑事特別法により一年以下の懲役など重い刑が科せられます（二条）。

一審・東京地裁判決（伊達判決）は、この差別扱いが「もし合衆国軍隊の駐留がわが憲法の規定上許すべからざるものであるならば……憲法第三十一条〔適正手続〕に違反する結果となる」として、米軍駐留の憲法判断に踏み込みました。

判旨は、およそ以下のとおりです。①憲法九条は自衛権を否定するものではないが、侵略戦争はもちろん、自衛のための戦争と戦力の保持をも禁じている。②憲法の戦争放棄は、国連安保理事会がとる軍事的安全保障措置等を最低限の措置として、わが国の安全と生存を維持しようとする決意に基づく。③ところが、安保条約による駐留米軍は、わが国に加えられる武力攻撃に対する防衛のためだけではなく、米国が戦略上必要な場合にも日本の領域外に出動しうる。そのため、わが国と直接関係のない武力紛争に巻き込まれ、戦争の惨禍がわが国に及ぶおそれがある。このような危険をはらむ米軍の駐留を許容した政府の行為は、憲法の精神にもとる。④たとえ政府に指揮権がなくても、駐留米軍は憲法が禁じる戦力に当たる。したがって、「軽犯罪法の規定よりも特に重い刑罰をもって臨む刑事特別法第二条の規定は……憲法第三十一条に違反し無効なものである」として、被告人らに無罪を言い渡しました。

これに対して、検察側は最高裁に異例の飛躍上告をしました。最高裁は次のように述べて、原判決を破棄、東京地裁に差し戻しました。

「憲法九条……によりわが国が主権国として持つ固有の自衛権は何ら否定されたものではなく、わが憲法の平和主義は決して無防備、無抵抗を定めたものではないのである。……われら日本国民は、憲法九条二項により、同条項にいわゆる戦力は保持しないけれども、これによって生ずるわが国の防衛力の不足は、これを憲法前文にいわゆる平和を愛好する諸国民の公正と信義に信頼することによって補ない、もってわれらの安全と生存を保持しようと決意したのである。そしてそれは、必ずしも原判決のいうように、国際連合の機関である安全保障理事会等の執る軍事的安全措置等に限定されたものではなく、わが国の平和と安全を維持するための安全保障であれば、その目的を達するにふさわしい方式又は手段である限り、国際情勢の実情に即応して適当と認められるものを選ぶことができることはもとよりであって、憲法九条は、わが国がその平和と安全を維持するために他国に安全保障を求めることを、何ら禁ずるものではないのである」

このように憲法前文の趣旨を換骨奪胎して、「平和を愛好する」米国との安全保障条約を正

当化しました。そのうえで

憲法九条二項が「戦力の不保持を規定したのは、わが国がいわゆる戦力を保持し、自らその主体となってこれに指揮権、管理権を行使することにより、同条一項において永久に放棄することを定めたいわゆる侵略戦争を引き起こすがごときことのないようにするためである。……従って……同条項がその保持を禁止した戦力とは、わが国がその主体となってこれに指揮権、管理権を行使し得る戦力をいうものであり……外国の軍隊は、たとえそれがわが国に駐留するとしても、ここにいう戦力には該当しないと解すべきである」

要するに判決は、政府に指揮・管理権のない駐留米軍は九条二項にいう「戦力」には当たらないから、憲法違反ではないというのです。そして、こうつづけます。

「本件安全保障条約は……わが国の存立の基盤に極めて重大な関係をもつ高度の政治性を有するものというべきであって……一見極めて明白に違憲無効であると認められない限りは、裁判所の司法審査権の範囲外のものである」

このように、高度の政治問題は司法審査の範囲外とする考えを「統治行為論」といいます。

これはドイツ法の理論ですが、同様の考えはアメリカ法にもあって「政治問題理論」と呼ばれ、こちらは高度の政治問題にも司法審査権は及ぶが、自己抑制すべきものとされています。

最高裁判決のポイントは、この統治行為論を用いて日米安保条約にもとづく駐留米軍の憲法判断を回避したことにあります。判決では、「一見極めて明白に違憲無効と認められ」る場合には、違憲判断もありうるといってはいますが、最高裁は安保条約の実態には踏み込まず、もっぱら条約の文言のみをあげつらっている以上、「一見極めて明白に違憲無効」の場合などあるはずがありません。

判決の結論はこうです。

よって原判決は「裁判所の司法審査権の範囲を逸脱し同条項および憲法前文の解釈を誤ったものであり、従って、これを前提として本件刑事特別法二条を違憲無効としたことも失当であって……破棄を免れない」

なお、この判決には七人の判事の補足意見と三人の判事の意見が付されていました。

この一審判決を書いた伊達秋雄・東京地裁判事は、その後〝窓際族〟に追いやられました。

一方、当時の田中耕太郎・最高裁長官は、米政府高官に伊達判決を是正する旨をあらかじめ伝えていたことがのちに判明しました。これは米政府の意向を忖度《そんたく》し、司法の独立を自ら放棄したものといわざるをえません。

　刑事特別法は、日米安保体制を維持するための治安立法です。戦前の治安維持法の目的は天皇制の護持でしたが、戦後の治安立法の目的は日米安保体制の維持に代わりました。そして最高裁は、安全保障が高度の政治問題だという理由で、日米安保条約と米軍基地についての憲法判断を回避したのです。

治安のためなら判検一体

　さて、以上にみてきたところから、三つのことが確認できるでしょう。

　第一は、公安当局と司法とのあいだで治安意識が共有されていることです。裁判所も警察・検察と同じ治安意識をもち、「公共の安全」や「公共の安寧」の見地から言論・ビラ配り・デモ・集会など民衆の表現活動や抗議行動の取締りを容認しています。

　それどころか、法の支配と人権保障の司法の役目をおろそかにし、司法の独立さえ顧みないのが実情です。

　第二は、下級審より上級審ほど判決が悪くなる傾向がみられることです。わけても、最高裁は最悪です。ここで「悪い判決」とは、法の支配と人権保障の視点を欠く判決という意味です。

　そのうえ、政府に都合の悪い判決を書いた裁判官を〝左遷〟したり、あるいは書きそうな裁判官の再任を拒否したりします。最高裁による裁判官の人事統制がそこまで強化されているのです。

その結果、反対意見を述べる判事が少なくなり、全員一致の判決が増える傾向にあります。かつては、最高裁でも人権派をもって鳴らした真野毅判事や弁護士出身の大野明男判事がいましたが、いまではこうした気骨のある判事は見当たりません。

第三に、裁判所は高度の政治・政策問題に関して「統治行為論」を用いて憲法判断を回避することです。また、一般的な政治・政策問題についても「立法裁量論」を使って憲法判断を回避する例が多くなりました。最高裁の裁判員制度合憲判決（二〇一一・一一・一六）も、そのひとつです。

加えて、裁判官への人事統制が強化されたため、最高裁判決の拘束力が高まり、これに異を立てる下級審判事がまれになりました。こうしたことが司法内部での活発な法律論議を萎縮させ、違憲判決を出にくくしていることは確かです。

要するに、一人ひとりの裁判官の独立が失われ、そのために三権分立の抑制と均衡が効かなくなっているのが司法の現状です。それは、法の支配と人権の砦《とりで》としての司法の役割の放棄にほかなりません。

第6講　裁判員の義務と思想・良心の自由——死刑は正当化できるか

戦争と死刑

今回は、死刑について考えます。

こういうと、なんだか話が飛ぶように思われるかもしれませんが、決してそうではありません。死刑は、裁判員制度を考えるうえで、重大な問題をわたしたちに突きつけています。だれでも裁判員になれば、死刑の判決を下すことになるかもしれません。死刑は被告人の命を奪うことです。わたしたちにそんな「権限」が果たしてあるのでしょうか。いや、人が人を殺すことを「国民の義務」として、裁判員に強いてもよいのでしょうか。

裁判員制度は「社会常識」や「市民感覚」を刑事裁判に反映させるため、民間人に死刑判決を下す権限を与えました。むろん、民間人には殺人の権限も権利もありませんから、法的には、裁判員の身分を非常勤の国家公務員として、公権力の行使を認めたのです。

しかし、社会常識や市民感覚を反映させるのは「民間人」としてです。民間人の裁判員だからこそ、職業裁判官の裁判に市民感覚を反映することができるのでしょう。とすると、なぜわたしたちは裁判員になれば、死刑判決によって被告人の命を奪うことができるのか、という疑問が生じます。

ここには、問題が二つあります。ひとつは、なぜ国家は、死刑という刑罰を被告人に科すことができるのか。それは果たして正当なことなのか、という問題です。もうひとつは、民間人を裁判員にして、これに死刑判決の権限をもたせ、かつ義務を負わせることができるのかという問題です。今回、死刑をテーマにとりあげたのは、それを考えてみたかったからです。

さて、死刑について考えようとすると、わたしたちは否応《いやおう》なしに国家とはなにか、という問題にぶつかります。国家だけが人を殺す権限をもつからです。なぜ、国家だけが「合法的」に人を殺せるのか。そもそも、国家とはなにか――それを問うことなしに、死刑を論じることはできません。

国家が合法的殺人をおこなう場合は二つあります。戦争と死刑です。戦争権も刑罰権も、国家だけがもっているからです。

戦争権と刑罰権を国家が独占するようになったのは、近代国家の誕生と軌を一にしています。というより、戦争権と刑罰権を国家が独占することによって、近代の主権国家が成立しました。その歴史は、ざっとこうです。

近代以前には、群雄割拠する封建諸侯がそれぞれの領土と領民を統治していました。その封建諸侯を制圧し、国家の統一をなしとげた君主が統治権を掌握し、対外防衛と国内治安の役割を担いました。やがて、市民革命によって君主制が倒れ、近代市民国家が成立します。そして、国家が防衛と治安の役割を負う代わりに、国民は国家の統治権に服することを承認したのだ、と。

しかし、これは歴史的な経緯の説明であって、国家が国民の命を奪うことを正当化する論理ではありません。国家はなぜ人を殺す権限を正当なものとして独占しうるのか、という問いに対する答えにはなっていません。これに答えるためには、そもそも国家とはなにかを問う必要があります。

国家は暴力の独占装置

社会学者のマックス・ヴェーバー（一八六四～一九二〇年）は、国家をこう定義しました。「国家とは、ある一定の領域内で正当な物理的暴力行使の独占を要求する人間共同体である」。

これは、まさに近代主権国家の実像です。近代国家は、領域と国民と主権からなっています。ヴェーバーのいう「一定の領域内」とは領土・領海・領空をいい、「人間共同体」とは統一された国民を指し、「物理的暴力行使の独占」とは主権（統治権）にほかなりません。

そして、かれは支配を三つの類型に分けました。カリスマ的支配、伝統的支配、合法的支配です。

カリスマ的支配とは、非日常的な資質をもつ個人に対して人びとが畏怖の念をもって服従する支配のことをいいます。伝統的支配とは、昔からある秩序や支配権は神聖だという信仰にもとづく支配服従関係のことです。これには家父長制と家産制があって、前者は行政官僚がいない支配者の統治をいい、後者は行政手段（兵力や財力）をもつ官僚が支配者に人格的に従属している場合をいいます。

また合法的支配とは、形式的に正しい手続で定められた秩序や命令権を正当とする信仰にもとづく支配服従関係をいいます。命令権はピラミッド型に配置され、自らは行政手段をもたない幹部官僚が制定した規則に人びとは服従します。これが近代官僚制です。近代国家における支配が、この合法的支配であることはいうまでもありません。

支配とは、他人を自分の意志に従わせることです。煮て食おうが焼いて食おうがおれの勝手にしたいのです。言うことを聞かなければ殺してもよい。それがヴェーバーのいう「物理的暴力行使」の意味です。その暴力を排他的に独占しているのが国家です。

だとすると、ここでの議論の文脈からすれば、ヴェーバーの国家の定義をこう言い換えることができるでしょう。

国家とは、合法的殺人の権限の独占装置である。

けれども、殺人は倫理に反し、重大な犯罪です。その殺人を合法的におこなう権限を国家だけがもつのはなぜか。その問いに、右の国家の定義は答えていません。ヴェーバーも「合法性」の信仰というだけです。

国家が合法的殺人をおこなうのは、戦争と死刑です。戦争では、国家は兵士に敵を殺し、敵に殺されることを命じます。裁判では、国家は被告人を殺し、被告人に殺されることを命じます。

国家が合法的殺人の権限をもつといっても、国家は自動機械ではありませんから、装置に組み込まれた軍の指揮官や裁判官が殺人を命じ、兵士や刑務官が実行します。かれらは公権力の行使者として、殺人の権限と義務をもつからです。ところで、裁判員制度は広く国民に裁判員の義務を課し、裁判員は必要とあれば死刑判決によって「合法的」に被告人の命を奪います。それが、公権力を付与された裁判員の権限であり、義務だからです。どうしてこのようなことが正当化できるのでしょうか。

統治権の正統性を根拠づけたのは第2講でお話ししたとおり、社会契約による人民の合意でした。しかし、その社会契約によっても、国家が国民に殺人を命じ、人が人を殺すことを正当化しうるかどうか、はなはだ疑問なのです。

死刑は正当な刑罰か

イタリアの啓蒙思想家、近代刑法学の祖とされるチェーザレ・ベッカリーア（一七三八〜九四年）は、その著『犯罪と刑罰』（一七六四年）で死刑についてこう述べています。少々、引用が長くなりますが、その論理をたどってみてください。

「死刑はほんとうに有用なのか。賢明な政体にとって正しいことなのか。人間が同胞を虐殺する『権利』を誰がいったい与えることができるのか？　この権利はたしかに主権と法律との基礎になっている権利とは別のものだ。法律とは各個人の自由の割前——各人が譲ることのできる最小の割前の総体以外のなにものでもない。それは個々人の意思の総体である総意を表示する。さてしかし、誰が彼の生命を奪う『権利』を他の人々に与えたいなどと思ったろうか。どうして各人のさし出した最小の自由の割前の中に、生命の自由——あらゆる自由の中でも最も大きな財産である生命の自由も含まれるという解釈ができるのだろうか。

もしこのようなことが肯定されるのだとすれば、このような原理と、自殺を禁じている戒めとをどうやって調和させるというのか？

人間がみずからを殺す権利がないのなら、その権利を他人に——たとえそれが社会のためであったとしても——ゆずり渡すことができないはずだ。

死刑はいかなる『権利』にももとづかないものである。死刑とは一人の国民に対して国家が、彼を亡《ほろ》ぼすことを必要ないし有用と判断したときに布告する宣戦である。だが、……国民のこのような死は国家の通常の状態においては有用でもなければ必要でもない」

ちなみに、この著作はベッカリーアがロンドンに亡命中、匿名で出版されました。初版には出版所も、出版年も記されていません。

いかがでしょうか。

死刑は人の命を奪う刑罰です。ベッカリーアが問題にしたのは、国家が死刑の刑罰権をもちうるかということです。

なぜこのような疑問が生じるかというと、国家は国民の生命・自由・安全を保障するためにつくられたはずなのに、その国家が国民の命を奪うことは矛盾するからです。死刑はなくても、国民の安全はまもれます。だとすると、国民の命をまもるべき国家が、国民の命を奪うことは許されないはずです。

これは倫理の問題ではありません。国家の論理の問題です。国家の本性に照らして、死刑は国家が正当にもちうる刑罰権か否かが問題なのです。

このような観点から、ベッカリーアは社会契約論に依拠して、人は人を殺す権利をもたない以上、国家に死刑の権限が付与されることはありえない、と述べました。もともと、国家には死刑の権限はないというのです。

断っておきますが、ベッカリーアの議論は、死刑に凶悪犯罪の抑止効果があるか否かといった刑事政策論ではありません。刑罰は応報刑であるべきか、教育刑であるべきかといった刑罰論でもありません。また、人道主義の立場からの死刑廃止論でもありません。かれは国家論として、国家が死刑によって人を殺す権限をもたないといっているのです。

ところが実際には、国家は物理的暴力を独占しているため、正当な権限がないにもかかわらず、死刑によって犯罪者の命を奪います。これは不当・不正な暴力です。いいかえれば、社会契約に対する国家の背反行為です。その結果、個人と国家との信頼関係は失われ、国家以前の自然状態（戦争状態）に戻ったとみるべきでしょう。だから、ベッカリーアは「死刑とは、一人の国民に対する〔国家の〕宣戦布告である」といったのです。

このようなベッカリーアの議論に対しては、おそらく反論があるでしょう。社会契約など実在せず、架空の話にすぎない、と。

そのとおりです。しかし、社会契約論者も社会契約が実際にあったとは主張していません。社会契約は、国家権力の正統性を論証するための〝思考実験〟です。例えていえば、幾何の問題を解くための補助線のようなものです。実在しない仮説を立てることによって、実在する国家権力の正統性を論理的に解明しようとしているのです。いままでのところ、これ以外に権力の正統性を論証する方法はありません。あれば、教えてもらいたいものです。

死刑賛成論者は、国家が死刑という刑罰権をもつことの正統性を論証していません。ただ漫然と、死刑も刑罰だから正当だと思い込んでいるだけでしょう。あるいは、応報刑や刑事政策的観点から、凶悪犯には死刑が必要だと考えているのでしょう。しかし、死刑のない国もあります。死刑を全面的に廃止した国のほか、通常犯罪にかぎり死刑を廃止した国、死刑執行を停止している国も含めれば八〇カ国にのぼりますが、そのために治安が悪化したとの報告はありません（アムネスティ・インターナショナル調べ）。

このように考えると、裁判員制度は二重の誤りを犯しています。第一に、そもそも国家にはないはずの死刑の刑罰権を国民に「付与した」こと。しかも第二に、死刑の刑罰権の行使を国民（裁判員）に「義務づけた」ことです。これが誤りでないというのなら、裁判員制度の導入者や支持者は反論の義務があります。ところが、まっとうな反論にお目にかかったことがありません。

それは、ひとを一人ひとりの人間存在としてとらえず、国家の成員である国民としてとらえ、個人の権利・自由より国民の義務を優先する考えに立っているからでしょう。しかし、この考え方によれば、国家も侵すことのできない基本的人権の観念は成り立ちません。「国民の権利」は、「国民の義務」に反しないかぎりでしか認められないからです。これは憲法の原理に反します。

憲法からみた死刑

憲法は、基本的人権を「侵すことのできない永久の権利」として保障しています（一一条）。だから、基本的人権は法律によっても侵害することは許されません。にもかかわらず裁判員法は、なんの憲法上の根拠もなく国民に裁判員の義務を課し、裁判員に死刑という名の合法殺人を強制しました。

この義務が正当かつ合憲だといいたければ、その挙証責任は裁判員制度の支持者の側にあります。なのに、その論証をしようともせず、裁判員は義務ではなく「権利」だとか、憲法は国民の司法参加を「禁じていない」から立法裁量の範囲内だといった言い逃れに終始しているのは、思考停止か思考の怠慢というほかありません。

憲法制定の直後に、刑法学者・木村亀二教授の書いた『死刑論』という小冊子があります。わずか六〇ページ余の文庫本ながら、「憲法問題としての死刑」に焦点をあて、死刑を歴史・社会・文化・道徳とのかかわりでコンパクトに論じた名著です。

そのなかで、木村教授はこう述べています。

「〔新憲法の〕戦争の放棄は、国際的には平和主義を表示したものであるが、国内的には、戦争の手段として個人の生命を国家のために犠牲とする超個人的国家観を放棄したことを意味する。一方において、戦争の放棄を宣言し、個人の生命を国家の犠牲とすることを否定した新憲法が、他方において、刑罰という国家目的の必要から個人の生命を剥奪する死刑を肯定しているとするならば、そこには大きな矛盾がある」

「われわれは、憲法改正論としては、まず第一に、第三一条〔適正手続〕の『その生命若しくは自由を奪はれ、又はその他の』という部分の削除が望ましいと考えている。しかし、それはそれとして、少なくとも、解釈論としては、憲法は、その文化的意図にふさわしく解釈せられねばならない。その解釈を予《あらかじ》め述べると、死刑は第三一条の規定にもかかわらず憲法違反であるということである。そして、そう解釈するのが憲法の真の精神に合致する」（原文の旧仮名遣いを現行に改めた）

憲法制定当時の刷新の気分あふれる文章ですが、戦争の放棄と死刑の廃止を関連づけてとらえている視点はさすがです。いずれも国家による合法的殺人であり、国民がその犠牲となるからです。

ここで問題を一般化して、国民の義務と思想・良心の自由との関係を考えてみましょう。というのは、殺人を非とする思想・信条の持ち主にとって裁判員の義務を負うことは、憲法が保障する思想・良心の自由（一九条）の侵害にほかならないからです。同様の問題は、徴兵制をとる国においては思想・良心の自由と兵役の義務との関係として生じます。いわゆる良心的兵役拒否者の問題です。

話がちょっと脇道に外れるようですが、この問題を見ておくことは、裁判員の義務と思想・良心の自由について考えるうえで多くの示唆を与えてくれるはずです。

良心的兵役拒否をめぐる問題

良心的兵役拒否者（conscientious objector）とは、思想・良心にもとづいて兵役を拒否する者をいいます。徴兵制のない戦後の日本ではこの問題は起きませんが、欧米諸国では第一次、第二次大戦を通じて顕在化しました。米国では、ベトナム戦争に反対する若者が徴兵カードを焼き捨てる抗議行動をしたこともあります。

良心的兵役拒否は当初、特定の宗派の信徒によるものでした。ある者は殉教者として獄につながれ、ある者は訴訟で争いました。米国は新教徒が弾圧を逃れた「信仰の自由」の国のはずです。良心的反戦主義者は兵役に服するか、おのれの信仰に生きるか、ぎりぎりの選択に迫られました。

一方、国にとっても兵役拒否は厄介な問題でした。訴訟をめぐる激しい論議をへて次第に判例が固まり、いまでは法制上も良心的兵役拒否を容認するにいたりました。米国の場合をかいつまんで見ておきます。

二つの大戦に挟まれた戦間期に、マッキントッシュ事件が起きました。これはイェール大学神学部のカナダ人教師が、米国に帰化するのに必要な宣誓を拒んだため、米政府が公民権を付与しないのは、信教の自由を保障する米国憲法違反だとして訴えた事件です。宣誓を拒んだのは、宣誓文に米国のために武器を取るとあり、かれの信仰がそれを許さなかったからです。

最高裁は一九三一年、この事件に合憲判決を下しました。しかし、判事の意見は五対四に割れ、リベラル派のホームズ判事らは反対意見を述べていました。帰化に必要な宣誓は合衆国憲法への忠誠であって、武器をとって戦うことではない、と。

この少数意見はやがて多数意見となり、一九四二年のジロード事件では、最高裁は同様の事件について宣誓の強要を違憲としました。第二次大戦中のことです。

判決はこう述べています。

「当裁判所はこの際、解釈を変更する。武器をとることは重要であるが、これは重大な危機においても、われわれの制度を維持し擁護する唯一の方法ではない。……武器をとることの拒否は、必ずしもわれわれの制度に対する不忠誠のしるしではない。宗教的確信が武器をとることを妨げても、なお米国憲法に忠実であることができる」

ヒューズ主席判事も、次のような補足意見を述べています。

「国家が全力をあげて最大の努力をしているとき、国民のなかの一部の者が法律を無視して、戦争に参加することを拒むのはたしかに重大な問題である。しかし、多数者の行為によって個人の良心を冒瀆《ぼうとく》することは、これに劣らず重大な問題である。事実に目をおおい、臆病者だけが良心的兵役拒否者になるという政治家は、はなはだしく洞察力に欠けており、また建設的な政策を持ち合わせていないというほかはない。……国家の至高の目的は、その国民の最大の福祉にあるという哲学がおこなわれている国では、限界はあるにせよ、国家は個人の良心を侵してはならないことが、道徳上からも、また健全な政策上の見地からも求められている」

この毅然たる言辞に、米国に深く根づく自由の精神と、国民統合の象徴としての憲法への忠誠をまざまざと見るおもいがします。同時に、これら米最高裁判事のステーツマンとしての見識の高さに胸をうたれます。それにひきかえ、哲学も見識もなく、ひたすら条文の文言解釈に明け暮れるわが国の裁判官の姿にはため息を禁じえません。

ともあれ、こうした判例の進展に促されて、先進国では良心的兵役拒否を容認する法制が徐々に整備されるにいたりました。むろん、各国の法制は一様ではありませんが、次の点はほぼ共通しているといってよいでしょう。

①宗教上の信仰にかぎらず、思想・信条にもとづく兵役拒否を容認すること。
②兵役免除は審査機関に申し立て、審査・認定を受けること。
③兵役免除は通常、戦闘任務を免除するものの、代替義務を課すること。

コメントを付しておきます。

①当初、兵役免除はクエーカー教徒やエホバの証人など特定宗派の信仰によるものに限られていましたが、次第に広く思想・信条による兵役免除も認められるようになりました。しかし、たんなる厭戦《えんせん》や漠然とした反戦は良心的兵役拒否と認められません。

②兵役免除の審査は、軍の機関がおこなう国も、文民機関がおこなう国もあります。審査は概して厳しく、兵役免除が認められる者の数は決して多くはありません。

③代替義務は兵站《へいたん》任務、病院勤務、工場生産などさまざまで、服務期間は兵役期間と同じです。なかには代替義務も戦争協力になるとして拒否する者もいますが、その場合は処罰を受けます。

このような条件つきとはいえ、兵役拒否は法制上、認められています。良心的兵役拒否者の思想・良心の自由がまもられているわけです。ならば裁判員制度でも、思想・良心にもとづく〝裁判員拒否〟の権利が認められるべきではありませんか。

日本国憲法一九条は「思想及び良心の自由は、これを侵してはならない」と定めています。信教の自由（二〇条）も、学問の自由（二三条）も、憲法が保障しています。これに対して裁判員の義務は、憲法に根拠をもたない、法律上の義務です。法律で憲法上の人権を侵害することは許されません。思想・良心にもとづく裁判員拒否の権利を認めないかぎり、この一点だけでも裁判員制度は憲法違反といわざるをえません。

要するに裁判員制度は、国民の義務を人権より重視する考え方に立っています。だから、憲法が保障する思想・良心の自由を侵しても法律上の裁判員の義務を優先するのです。このように、個人の権利・自由よりも国家の利益を重視する考え方を国家主義といいます。裁判員制度は、国家主義の国家観に立脚しています。

ところで昨今、国家主義的思潮が高まっています。とくに、安倍政権による国家主義への回帰はいちじるしいものがあります。わたしたちは、その行きつく先を見極めておく必要がありそうです。

そこで議論は広がりますが、安倍首相の国家観をとりあげて、検討しないわけにはいきません。

家族国家観と義勇奉公

安倍首相の国家観は、自著『美しい国へ』（二〇〇六年）によく示されています。

まず、首相は「国家」の語を避けて、「国（くに）」という言葉を好んで使います。これは、国家というと国家と国民は対立関係にあると「誤解」されるからだそうです。

「国家権力は抑圧装置であり、国民はそこから解き放たれなければ本当の自由を得たことにはならない、と国家と国民を対立した概念でとらえる人がいる」

「国とは統治機構としてのそれではない。悠久の歴史をもった日本という土地柄である。そこにはわたしたちの慣れ親しんだ自然があり、祖先があり、家族がいて、地域のコミュニティがある。その国を守るということは、自分の存在の基盤である家族を守ること、自分の存在の記録である地域の歴史を守ることにつながるのである」

「日本の歴史は、天皇を縦糸にして織られてきた長大なタペストリーだ。日本の国柄をあらわす根幹が天皇制である」

このような国家観を家族国家観といいます。敬愛の対象が家→村→国へと拡大されて、頂天に国父としての天皇が君臨するわけです。さらに、安倍首相はこうつづけます。

「損得が価値判断の重要な基準となり、損得を超える価値、たとえば家族の絆や、生まれ育った地域への愛着、国に対する想《おも》いが、軽視されるようになってしまった」

「問題はモラルの低下である。とりわけ気がかりなのは、若者たちが刹那的なことだ。……若者が未来を信じなくなれば、社会は活力を失い、秩序はおのずから崩壊していく」

そして、かれの思いは、特攻隊と靖国神社に祀《まつ》られた英霊に及びます。

「今日の豊かな日本は、彼らがささげた尊い命のうえに成り立っている。だが、戦後生まれのわたしたちは、彼らにどうむきあってきただろうか。国家のためにすすんで身を投じた人たちにたいし、尊崇の念をあらわしてきただろうか。

たしかに自分のいのちは大切なものである。しかし、ときにはそれをなげうってでも守るべき価値が存在するのだ」

こうして、家族国家観に支えられた国家主義は、いざ戦争となればお国のために命を捧《ささ》げる愛国心を国民に求めます。安倍首相が教育基本法を改正し（二〇〇六年）、「我が国と郷土を愛する」態度の養成を教育目標に掲げたのはそのためです（二条五号）。

首相は、教育勅語のあらわな復活を意図したわけではありませんが、このような教基法の改正によって、教育勅語は今も通用する国民道徳だとの考えが根づよく残りました。森友学園で幼稚園児が教育勅語を暗唱させられていたことなどは、その極端な例でしょう。しかも、これが問題化したとき文科省は、教育勅語を教材に使うことが教基法に違反するかどうかの判断を、教育委員会と学校に任せるとしてお茶を濁しました。

戦前の国民道徳を理論的に体系づけたのは、哲学者の和辻哲郎です。その大著『倫理学』を安倍首相が読んだかどうかは知りませんが、首相のいう愛国心は和辻理論の敷き写しです。

和辻氏は、家族→親族→地縁共同体→文化共同体→民族をそれぞれ人倫的組織としてとらえ、これら人倫的組織を包摂する最高の人倫的組織が国家だと考えます。だから、人は国家の成員として、最高の人倫（道徳）を体得することが可能になります。

このような見地から、和辻氏は教育勅語を国民道徳を定めたものとして、こう説きます。

「国防は人倫的組織たる国家の防衛として、人倫の道の護持である。……国民各自はその生命や財産を犠牲にすることもいとうべきでない。戦争を端的に非人道的と考えるのは、これもまた人倫的な弱さを示すものである」

「義勇奉公が国家の成員にとって欠くべからざる行為の仕方である。……このことは国家が軍備や戦争を抛棄《ほうき》した場合といえども変わりはない。国家が危急に瀕《ひん》した場合に、その成員が怯懦《きょうだ》であり、公共のものに対する奉仕を拒むということは、その国家が極度に人倫的な活力を失っているということである」

なんと、安倍首相の口ぶりに似ていることでしょう。

ちなみに、和辻氏の『倫理学』上巻は一九三七年、中巻は四二年、下巻は戦後の四九年の刊行で、引用箇所は現行憲法の公布後に書かれています。

これでおわかりのように、国家主義の立場に立つかぎり、国家が必要とすれば国民の生命は犠牲にならざるをえません。端的にいえば、国家が国民の命を奪うことは正当なのです。国家は、戦争で兵士に殺人を命じ、自らも殺されることを義務づけます。また、刑事事件の死刑判決で、裁判官と裁判員は被告人を殺し、被告人は殺されることを義務づけられます。

これはヴェーバーのいうとおり、国家が物理的暴力を独占しているからであって、どうしてこれが安倍首相のいうように「悠久の歴史をもつ国柄」なのでしょうか。首相は国家についての客観的認識を欠き、情緒的な家族国家観にもとづく国家主義イデオロギーにかぶれているのです。

安倍首相の国家主義

——と調子にのってしゃべっていると、聴講生の手があがりました。

「ちょっと質問があるんですが……。先生は先に、安倍首相はポピュリストだとおっしゃいました。そして、ポピュリズムには特定の思想がないといわれました。そのことと首相が国家主義者だということは矛盾しませんか」

なるほど。これは鋭いご質問です。

でも、わたしは安倍政治がポピュリズムの手法をかなり使っているとお話ししたのであって、安倍首相が根っからのポピュリストだと断定したわけではありません。

それに、ポピュリスト政治家が国家主義者だったり、ナショナリストだったりすることはあります。トランプ米大統領の「アメリカ・ファースト」はナショナリズムですし、ヒトラーはポピュリズムの手法を駆使しましたが、ナチズムの教義で理論武装していました。

わたしが言いたかったのは、ポピュリズムに固有の体系的思想はないということです。むしろ、そのときどきの政治状況に応じて、民衆の支持を得られそうな争点をとりあげ、政治的主張をするにすぎません。

安倍首相の一貫した政治的主張は「戦後レジームからの脱却」です。占領軍に押しつけられた憲法と教育基本法の改正なくして日本の真の独立はない、という主張です。このうち教基法の改正は実現し、いまは残る憲法改正に執念を燃やしています。

こうしたことから、かれは保守主義者とみられています。しかし、かならずしも復古主義者ではありません。むしろ、グローバル時代に対応する新自由主義者の側面も持っています。たとえば、金融緩和やＴＰＰ推進はその例です。教育改革や働き方改革にしてみても自由化政策の一面をもち、そのねらいは経済戦争に勝つため、国際競争力のある人材育成と企業の生産性向上にあります。ただ、その国際的観点が「わが国」の経済力の発展、国際的地位の向上にあるところはやはり国家主義者と評さざるをえません。

しかし、お断りしておきますが、わたしは安倍首相がナニ主義者かを論じるつもりはありません。そんなレッテル貼りには興味がありません。

わたしが問題にしているのは、かれの国家観です。国家を権力機構とみるか、有機的共同体とみるか。つまり、国家と個人の関係をどう考えるかということです。その違いによって、国家が個人の命を奪うことの正当性についての答えが違ってくるからです。

今回のテーマは、国家はなぜ合法的に人を殺せるかという問題でした。そのために、国家とはなにかを問い、国家有機体説のイデオロギーが国家の合法殺人を正当化し、国民に人殺しを義務づけるということをお話ししたかったのです。

第7講　プロフェッショナルとしての裁判官——改革すべきは司法官僚制

プロには資格と能力が要る

今回は、少し違った角度から裁判員制度を見直してみます。それは裁判におけるプロフェッショナル（専門家）の役割です。

裁判員制度は、一般の民間人が裁判に参加することによって、裁判に「社会常識」や「市民感覚」を反映させるためだとして導入されました。しかし、法律や裁判の素人が裁判官並みの権限をもって訴訟審理に当たるのは、果たして望ましいことなのでしょうか。それに、そもそも裁判は社会常識や市民感覚を反映すべきものなのでしょうか。「国民の健全な社会常識」「市民感覚」とは、いったい何なのでしょうか。

また裁判員の参加は、官僚化した司法を「民主化」するためだともいわれました。しかし、素人が裁判に参加すれば、司法は果たして民主化されるのでしょうか。こうした問題について考えてみたいと思います。

まず、素人に訴訟審理の能力があるのでしょうか。

裁判はプロフェッショナルの仕事です。裁判官は、煩雑な訴訟手続をへて犯罪の事実認定をおこない、これに法律を解釈・適用して有罪・無罪を判定し、さらに犯情を勘案して刑を量定します。裁判員裁判では法解釈は裁判官に任せるとはいえ、このような専門的能力を要する仕事が素人に務まるわけはありません。

しかも、刑事裁判は人の命にかかわる仕事です。裁判官は、判決によって被告人の生命や自由を奪います。そんな大それたことを知識も経験もなく、責任も負えない素人がやっていいいはずはありません。

プロフェッショナルとは、専門的な知識・技能をもち、これを用いて社会に貢献し、その仕事に社会的責任を負う人たちのことです。プロフェッショナルは、そうした使命と職業倫理を負っています。人命にかかわる職業の場合はなおさらです。

だから、この種の職業には資格が必要です。必要な知識・技能を修得していることを証明するためです。そして、これで生計を立てている人をプロといいます。たとえ玄人はだしの技能の持ち主であっても、それで飯を食っていなければアマチュア、素人です。

医者は、人の命と健康をあずかる職業です。だから、競争率の高い大学医学部の入試を突破して、学業を終え、インターンをへて、国家試験に合格した者しかなれません。修学には長い年月を要し、学費もかかります。実入りがよさそうだからといって、だれでもなれる職業ではありません。

医者の仕事は激務です。開業医は、急患に昼夜を分かたず応じなければなりません。手術には神経をすり減らします。こうしてわたしたちの命と健康をまもってくれるからこそ、医者は今も昔も「先生」と呼ばれます。しかし、もし医療過誤でも起こせば、訴えられて刑事・民事の責任を追及され、医師会の懲戒処分を受けて医師免許を取り上げられることもあります。

法律家も同様です。法科大学院を出て、難しい司法試験に合格し、司法研修所の実務研修を終えて、法曹（裁判官・検察官・弁護士）になります。それも始めは判事補やいそ弁（居候の駆け出し弁護士のこと）として何年も経験をつみ、やっと一人前になります。

が、もし裁判官や検察官が不祥事を起こせば懲戒処分を受け、在野の弁護士の場合は弁護士会の登録を取り消されることもあります。

また、交通・運輸関係の従業者にも資格が必要ですし、食品関係の業者だって営業許可が要ります。そして監督庁の行政規制を受け、万一、交通事故や食中毒でも起こそうものなら、営業停止や免許取消しの行政処分を受け、裁判沙汰にもなります。

ところが、裁判員は死刑判決で被告人の命を奪うにもかかわらず、なんの資格も必要としません。義務教育の修了者であれば、だれでもなれます。いや、なされます。

これは、モグリの医者を公認するようなものではありませんか。いえ、無免許のニセ医者なら掛からなければ済みますが、被告人は無資格の〝素人裁判〟を避けることができません。これは被告人の人権にかかわるだけでなく、プロのまねごとをさせられる一般市民にとっても迷惑な話です。これがどうして、司法の「民主化」なのでしょうか。

民主主義は、素人がプロフェッショナルに取って代わることではありません。また、素人がプロフェッショナルの手伝いをすることでもありません。民主主義社会にかぎらず、どんな分業社会にも専門的職業はあり、プロフェッショナルがいます。かれらがいなければ世の中は回りません。やはり、餅は餅屋です。

考えてみてください。不始末をする医者がいるからといって、素人に医者の代わりが務まりますか。素人が医者の代役をしていいのですか。そうすれば、医療は改善されるのですか。そんなバカなことはありません。

裁判はプロフェッショナルの仕事です。どうして国民がこれを分担するなど、愚かなことを仕出かしたのでしょうか。

問題は司法官僚制にある

司法制度改革審議会長だった佐藤幸治・京大名誉教授は、こんなふうに説明しています。

「プロフェッションというものは、やはりそれ固有の限界というものを持っています。……それはともすると独善化する、一人よがりになる危険を多かれ少なかれ持っているわけです。プロフェッションたる法曹の場合、その特質にかんがみ強い自治ないし自律権が認められているわけですが、それが独善化しないように、絶えず国民との間に窓を開いて、風通しのいいものにしておかなければならないということです」（佐藤幸治・竹下正夫・井上正仁『司法制度改革』）

要するに、国民の司法参加は、プロの法曹の「独善化」を防ぐためなのです。だから、つねに国民に「窓を開き、風通しをよくしなければならない」といいます。

しかし、司法の窓を開き、風通しをよくすることと、素人の市民がプロの裁判官の仕事をすることは違います。前者は後者に直結しません。素人が医者を代行しても、医療が改善されないのと同じことです。

たしかに、法曹の独善化は防ぐべきです。しかし、法曹が独善化し、風通しが悪くなるのは、法曹が官僚化しているからです。政府や裁判所はその事実を認めたがりませんが、昨今の司法が国民の支持を得られない原因はここにあります。是正すべきは、法曹の独善化をまねく司法の官僚制です。司法官僚制をそのままにしておいて、刑事裁判に国民を参加させてみても司法の国民的基盤を固め、国民の信頼を得ることはできません。

司法の官僚化の現状は著しいものがあります。ここで「司法の官僚化」とは、司法が上命下服の官僚組織化して、裁判官が独立性を失いつつある状況を指します。その最大の原因は、裁判官の人事管理です。

裁判官は判事補からスタートし、三年ほどで判事に昇任します。その後一〇年ごとに再任されますが、任命権は最高裁事務総局が握っています。人事調査の結果、再任されないこともありうるわけで、現に再任が拒否されて問題化したこともあります。

裁判官には出世コースがあります。地方の裁判所から東京・大阪などの裁判所へ、地裁から高裁へ、判事から所長への昇任です。しかしもうひとつ、最高裁事務総局への出向というのがあって、これが出世の早道とされています。

最高裁判事（一五人）には裁判官・検察官出身、弁護士出身、学者出身の枠があります。裁判官枠は高裁の所長や判事からの任命が通例ですが、その際、最高裁事務総局勤務がものをいいます。最高裁長官は通常、最高裁判事のなかから選任されますが、最高裁事務総局長がいきなり最高裁長官になった例もあります。人事権と予算をもつ最高裁事務総局がいかに権勢を振るっているかが、これでわかるでしょう。

それに、最高裁判決の指導力があります。裁判官は「その良心に従ひ独立してその職権を行ふ」（憲法七六条三項）とされていますが、最高裁判決に異を立てる判決は書きにくいものです。たとえ書いても、上告されて覆るのは必定で、最高裁ににらまれるだけです。だから、最高裁判決は事実上、下級審判事に対して拘束力をもちます。

こうして、司法は最高裁事務総局を頂点としたピラミッド型の官僚組織になりました。

裁判官人事と政治的圧力

さらに問題なのは近年、最高裁に対する政権の影響力が強まっていることです。最高裁判事の任命権は内閣にあります。しかし、司法の独立の建前から、その選任は最高裁が作成した候補者名簿によるものとされてきました。ところが、それがあやしくなっているのです。

「安倍一強」のもとで、こんなことが起きています。退任する最高裁判事の後任人事で、事務総局の人事担当者が内閣府に候補者名簿を持参したときのこと。内閣官房副長官が面と向かって、言いました。「一枚ではなく、二枚持ってきてほしい」。

空席は裁判官枠で、候補者は高裁判事でした。従来、最高裁の推薦した候補者をそのまま、内閣が任命するのが慣例でした。ところが、官房副長官は「任命権」が内閣にあることにこだわったのです。

また、弁護士枠の後任について、日本弁護士連合会（日弁連）が最高裁を通じて七人の候補者名簿を内閣に提出したところ、名簿以外から最高裁判事が選任されたこともあったといいます（朝日新聞二〇一七年三月二〇日）。

これは裁判官人事に対する〝政治介入〟であり、司法の独立を脅かすものです。ちなみに、安倍総裁が三選されると、首相任期の二〇二一年九月までに、最高裁判事一五人全員が安倍内閣の任命になります。これでは司法と行政に権力の抑制・均衡は働かず、司法の独立が失われるおそれがあります。

――では米国の場合はどうか、と言いたい方がおられるでしょうから、一言ふれておきます。米連邦最高裁判事（九人）の人選は、もっと党派的です。任命権は大統領にありますが、上院の承認を必要とします。しかも、最高裁判事は終身制です。そのため、大統領が一期四年（再選まで）の任期中に最高裁判事を選任する機会はめったにありません。それだけに、最高裁判事の任命には政治的配慮が強くはたらきます。

大統領は当然、自分の所属政党から最高裁判事を指名します。その際、大統領の与党が上院の多数を占めていればすんなり承認されますが、これがねじれていると上院の承認を得られない事態が生じます。現に、オバマ前大統領が指名した最高裁判事が上院の承認を得られず、長らく空席になっていました。大統領が民主党で、上院の多数派は共和党だったからです。このねじれは共和党のトランプ大統領の誕生で解消し、かれの指名した判事が上院の承認を得て、やっと空席が埋まりました。その結果、民主党のリベラル派判事と共和党の保守派判事の比率が五対四から四対五に逆転しました。

こうした事情から、大統領の所属政党と最高裁多数派の所属政党が異なるのがむしろ常態で、両者が一致するのにタイム・ラグ（時間のずれ）が生じます。そのことが結果的に、大統領と最高裁との権力の抑制・均衡として働いています。

こんな歴史的事件もありました。F・ルーズヴェルト大統領のニューディール政策が最高裁でことごとく違憲判決を受け、頓挫したのです。しかも、五対四のぎりぎり判決で。業を煮やしたルーズヴェルト大統領は、最高裁判事を増員してリベラル派の判事を送り込もうと試みました。この企ては議会と世論の非難をあび、失敗したものの、一人の保守派判事の〝転向〟で、最高裁は合憲判決に転じます。これで、やっとニューディール政策が動き出しました。米国では、これを「一九三七年憲法革命」と呼んでいます。

さて、話を日本にもどします。

日本の最高裁判事の任命は、米国ほど露骨に政治的ではありません。一見、中立・公正を装いながら、隠微におこなわれます。最高裁判事だけでなく、下級裁判事も官僚統制のもとに置かれています。日本の司法がかかえる問題は米国とは異なり、その官僚制にあります。

米国では、裁判官の党派性は周知のことですから、司法人事に関してマスメディアも遠慮なく批判し、オープンな議論がおこなわれます。これに対して日本の場合は、裁判官は官僚組織に組み込まれてしまっているため、司法人事はブラックボックスの中でおこなわれます。そのため、メディアや国民の監視の目が届きません。

日本の司法の問題は、この司法官僚制にあります。そのもっと詳しい実態について知りたければ、すでに多くの論著が公刊されていますから、それにゆずりましょう。

参考までに申し上げれば、次の三冊はこの分野の必読文献です。まず、新藤宗幸『司法官僚——裁判所の権力者たち』（岩波新書）。これは、官僚化した司法の現状についての学者による客観的分析です。二冊目は、瀬木比呂志『絶望の裁判所』（講談社現代新書）。これは、元裁判官の手になる内部告発の書です。もう一冊は、ダニエル・H・フット『名もない顔もない司法——日本の裁判は変わるのか』（NTT出版）。これは、司法改革について米国人学者による日米司法制度の比較研究です。

法曹一元化を

では、日本の司法官僚制をどのように改革すればいいのでしょうか。これは司法行政一般にかかわる問題であって、「専門家の独善」を防げば済むことではなく、そのために素人がプロの裁判官のお手伝いをすれば解決する問題でもありません。

問題の根っこは、裁判官のキャリアシステムにあります。裁判官は就任以来、アメとムチで昇進の階段を上らされるというシステムに問題があるのです。この根っこを掘り起こさずに、枝葉を切りはらってみたところで、司法の風通しはよくなりません。

なるほど、司法改革の一環として、法曹のリクルートメントの改革がおこなわれました。法科大学院制度です。しかし、これは経済の自由化に促された「事前の行政調整型社会」から「事後の司法救済型社会」への転換で見込まれる法曹人口の需要増に対処するためでした。だから、司法試験の合格者を年間一二〇〇人から三〇〇〇人に増やしたかっただけのことで、司法官僚制の改革となんの関係もありません。

法科大学院は失敗でした。当初、七〜八割を想定していた法科大学院修了者の司法試験合格率は、二割台にとどまります。そのため入学者が減り、法科大学院の半分近くが廃止か募集停止に追い込まれました。一方、法科大学院を修了しなくても司法試験の受験資格を得られる「予備試験」の受験者が増え、しかもその司法試験合格率は七割台で、法科大学院修了者の合格率の三倍近くに達します。これでは、法科大学院は学費と修学年限がかかるだけで、なんのメリットもありません。

もともと、法曹の需要増の予測が間違っていたのです。訴訟件数は増えるどころか、逆に四割も減りました。そのため弁護士の仕事が減り、開業できない者も出ています。結局、いままでは司法試験の合格者数は元とさほど変わらぬ一五〇〇人どまりです。

また、「利用しやすい司法制度」をスローガンに、弁護士業務の改革がすすめられました。弁護士〝過疎地〟の解消、被疑者への弁護士支援、法律相談の充実などです。しかし、これらは弁護士会がこれまで自主的に取り組んできたことで、裁判官の官僚制の改革とは関係がありません。

司法官僚制にかかわる改革はほんの僅かです。たとえば、裁判官を「六法全書の虫」にしないため、社会的知見の豊富な弁護士との交流を図りました。これは従来、裁判官と検察官との間でおこなわれていた「判検交流」を弁護士にまで広げたものです。しかし、年に一〇人足らずの判事補が二年間、弁護士業務を経験したからといって何が変わるのでしょうか。

「弁護士任官制」というのもあるにはあります。これは弁護士を裁判官に任命する制度ですが、希望者は毎年一〇人足らず。たった一人のときもあります。弁護士は、窮屈な裁判官になりたくないのです。こんな小細工で、牢固《ろうこ》たる司法官僚制が変わるはずはありません。

また、裁判官の人事に透明性・客観性をもたせるために「下級裁判所裁判官指名諮問委員会」なるものが設けられました。委員会は、法曹三者のほか学識経験者が加わり、後者が過半数を占めます。しかし、これが裁判官人事を透明化・公正化する保証はありません。かえって人事審定が厳しくなり、官僚統制を強める結果になるおそれさえあります。これでは、裁判官の独立はますます失われ、「司法改革」は看板倒れになります。

司法の宿弊は裁判官のキャリアシステムにある以上、これを抜本的に改革するには法曹一元化しかない、とわたしは考えます。職業裁判官の昇進システムを廃して、弁護士のなかから裁判官を選出するシステムに切り替えることです。これは難事業でしょうが、それしか打つ手はありません。

陪審制は裁判員制度と似て非なるもの

——すると、聴講生のひとりが手をあげ、気負い込んで言いました。

「司法の官僚制はいかん。これを正すには陪審制がいい、とわたしは思います。先生は裁判員制度が間違いだといわれましたが、陪審制もいけないのでしょうか。いまの官僚司法より、陪審制のほうがよっぽどマシじゃありませんか」

なるほど、そういうご意見もあるでしょうね。かねて日弁連もそう主張していました。裁判員制度の支持者のなかには、この制度を陪審制への一歩前進、あるいは次善の策として評価する人もいます。

陪審制の話が出ましたから、ここで、陪審制が裁判員制度とどう違うのか。陪審制はどのようにして生まれたのかをふり返っておきましょう。

陪審制は裁判員制度と似て非なるものです。陪審員は事実認定をするだけで、判決を下すのは裁判官です。ところが、裁判員は事実認定だけではなく、刑の量定もし、判決も下します。司法権を付与されているからです。

英米の陪審制には長い歴史があり、地方分権のうえに築かれた〝人権の砦《とりで》〟の役割を果たしてきました。米国の陪審制の生い立ちをかいつまんで見ておきます。

ご存じのとおり、米国は連邦国家です。もともと独立の政府をもつ州が寄り集まって、ユナイテッド・ステーツ・オブ・アメリカ――アメリカ合「州」国をつくりました。だから今も、連邦政府に与えた権限以外の権限は州にあります。州は立法・行政・司法権をもち、州法を制定し、執行し、州法によって訴訟を裁きます。刑法も州ごとに異なり、州内の事件は州裁判所で裁くのが原則です。州内の県《カウンティー》には県裁判所、市《シティー》には市裁判所があります。

一方、連邦裁判所は首都ワシントンにある連邦最高裁判所を頂点に、連邦控訴裁判所、連邦地方裁判所が地区ごとに設けられています（地裁九三、控訴裁一三）。連邦裁判所は、連邦犯罪や州をまたぐ事件、連邦政府を相手取る訴訟、国家安全保障にかかわる事件を扱います。

しかし、建国当初は「州こそわが政府」という意識がなお残り、連邦政府への不信は強かったのです。とりわけ、連邦裁判官に対する不信と反発は強烈でした。地方の住民からすれば、遠い中央政府の役人裁判官が年に何回か巡回してきて、裁判で権勢をふるい、なにがなんでも有罪にし、重罰を科する。これはたまったものじゃない。有罪・無罪はおれたちが決める。一二人の陪審員の全員一致でなければ有罪にはできない。

こうしておけば、無実の隣人がよもやつるし首になることはあるまい。たとえ中央政府の手先が陪審員を脅迫し買収しても、これに抗する正義漢の一人や二人はいるはずだ――と、こう考えたのです。

そんなわけで、陪審制は米国に定着しました。ですから、陪審員は事実認定をおこない、全員一致でなければ被告人を有罪にすることができません。裁判官は陪審員の評決に拘束され、刑の量定と判決の言い渡しをするだけです。このように陪審員は裁判官とは別個の権限と役割をもち、裁判官の〝お手伝いさん〟ではありませんから、法廷では裁判官とは別席に陣取ります。

ところが、裁判員は裁判官とともに刑の量定にも、判決にも加わります。しかも、多数決です。そして一段高い裁判官席に裁判官と並んで座り、被告人を審問し、判決を下します。しかし、判決文を書くのは裁判官で、裁判員はこれに署名も押印もしません。これでは、まるで

〝覆面裁判官〟による闇討ちではありませんか。

裁判員制度は、その目的も機能も陪審制とまったく異なります。陪審制は地方分権の基盤に立ち、反官僚主義と人権擁護を志向しますが、裁判員制度には地方分権や人権擁護の志向はありません。

じつは、日本でも陪審制がとられたことがあります。大正デモクラシー時代の一九二八年に導入され、十数年つづきました。が、天皇主権の憲法下ですから、英米の陪審制と目的はまったく異なります。

当時、大日本陪審協会が公刊した『陪審手引』と題する冊子があります。これをご覧になると、英国では裁判官の横暴・専断から免れるために、民衆の要求で陪審制がとられたが、わが国はこれと根本的に異なり、「天皇の大御心《おおみこころ》の発露に外ならない」と断ったうえで、こう書かれています。

「憲法布《し》かれて既に四十余年。国民も国政の参与に相当の経験も訓練も経て居り、且《か》つ世事も複雑になって来たのでありますから、素人である一般国民にも、裁判手続の一部に参与せしめたならば、一層裁判に対する国民の信頼も高まり、同時に法律智識《ちしき》の涵養《かんよう》や、裁判に対する理解を増し、裁判制度の運用を一層円滑ならしめやうとする精神から、採用されることになったのであります」

これはまた、なんと裁判員制度導入の弁と似ていることか、苦笑を禁じえません。

この日本版・陪審制は、原則として死刑または無期懲役・禁錮にあたる刑事事件に適用されました。ただし、被告人は陪審裁判を受けるか、裁判官裁判を受けるかを選択できます。また、裁判官は陪審員の評決に拘束されず、これを拒否することができました。そのためもあってか、陪審裁判の件数は思ったほどには増えませんでした。

しかも、陪審員は国税の納入者で選挙権をもつ者に限っていたため、戦争が激化するにつれて陪審員のなり手が枯渇しました。それやこれやで、陪審裁判は一九二九年の一四〇件をピークに減りつづけ、四一年、四二年には各一件となり、一九四三年に陪審制はついに停止されました（フット前掲書）。

このように、制度というものは生まれ育ちが違えば、まったく異なる機能を発揮します。制度が似ていても違った土壌に移植すれば、枯れてしまうこともあるのです。

それになにより、裁判を変えただけでは、司法官僚制は変わりません。官僚司法を是正するのに陪審制は〝特効薬〟にはならないでしょうね。

トクヴィルはなぜ陪審制を褒めたのか

――と、つづいて、こんな質問が出ました。

「先生はたしか初回の講義で、トクヴィルの話をされました。そのトクヴィルは、陪審制を『民主主義の学校』として高く評価しているのでしょう。裁判員制度だって、だれもが司法参加で民主主義を身につける場として、やはり意義があるのではありませんか」

いや、ちょっと待ってください。少し誤解があるようですね。

たしかに、トクヴィルは米国の陪審制を高く評価しました。しかし、なぜ評価したのか、そこが問題です。かれの議論を『アメリカのデモクラシー』で確かめてみましょう。

まずトクヴィルは、「政治制度としての陪審制」と「司法制度としての陪審制」を区別しました。陪審制を広義の政治制度としてみるか、たんなる法制度としてみるかの違いです。かれが陪審制を評価したのは前者の側面であって、後者の側面ではありません。司法制度としての陪審制には、むしろ懐疑的です。

「陪審制、特に民事における陪審制が裁判の正しい運用にどこまで役立っているかが問題であるならば、正直いって、私はその効用には疑問の余地がありうると思う。

陪審の制度は、単純な事実問題以外は滅多に裁判にもちこまれることのなかった未発達な社会で生まれたものである。人間関係が著しく多様化し、また知性と教養がそれを特徴づけている時代に、これを文明の開けた国民の必要に適用させることは容易な仕事ではない」

もうひとつ大事な点は、米国で陪審制が定着し教育効果を発揮したのは、刑事陪審ではなく、民事陪審だとしていることです。

「陪審制が刑事事件に限られるとき、国民はその作用をただずっと遠くから、個別の事件において見るだけである。……

ところが、陪審制が民事事件にまで広げられると、その実態が刻々目に触れる。このとき陪審制はあらゆる利害に関わり、誰もがその作用に手を貸す。こうしてそれは生活習慣の内部に定着し、人間精神をその形式に慣れさせ、いわば正義の観念そのものと一つになる。

したがって陪審の制度は、刑事事件に限定されるときには、いつも不安定である。だが一度民事訴訟に導入されると、それは時の移り変わりに耐え、人の力で動かせなくなる」

トクヴィルが陪審制の教育効果を説いたのは、民事陪審を念頭においてのことでした。そして、かれのいう教育効果とは何だったのでしょうか。

「陪審制、とりわけ民事陪審制は、判事の精神的習慣の一部をすべての市民の精神に植えつけるのに役立つ。……

陪審制は衡平原理の実践を人々に教える。各人は隣人を裁きながら、いつか自分も裁かれるかもしれぬと考える。民事訴訟における陪審の場合、特にそうである。刑事訴追の対象になるかもしれぬと恐れる人は滅多にいないが、民事訴訟の当事者には誰でもなりうる。……陪審制は各人に自分自身の行動の責任を回避せぬことを教える。これは雄々しい気質であり、それなくして政治的徳性はありえない」

そして、このあとに「陪審制は無償で、いつでも開いている学校とみなすべきである」とつづくのです。

要するに、トクヴィルのいう陪審制の教育効果とは、市民が「判事の精神的習慣」を身につけること、「法律家精神」の習得なのです。その法律家精神が人びとの民主的情動を抑止するとして、こう述べています。

「アメリカの人民が情熱に駆られ、あるいは観念に引きずられるとき、法律家はほとんど目に見えないブレーキをきかせて、人民をなだめ、引き止める。人民の民主的本能に対して、法律家は秘かにその貴族的傾向を対置する。……そして、人民の血気に対しては法律家の習性である気長なやり方を持ち出すのである」

トクヴィルが陪審制を褒めたのは、人民の「民主的精神」の一人歩きを抑制することの大切さを、市民のだれもが学ぶためだったのです。それを裁判員制度の支持者までが、一知半解のトクヴィルの言を我田引水するのは噴飯物です。

国民主権・民主主義・国民参加

——と、また一人が立って質問をしました。

「先生は、憲法の『国民の義務』に裁判員の義務はないとおっしゃいました。だけど、わたしたちは主権者として、司法に参加する権利はあるのでしょう。参政権と同じように、権利として」

おや、困りましたね。これまでの議論に納得しておられないようで……。では、もういちど、おさらいをしてみましょう。

裁判員制度をめぐる議論では「国民主権」や「民主主義」、司法への「国民参加」といった言葉が、同じような意味でしきりに使われます。そしてそのことが、裁判員制度の是非についての議論をいちじるしく混乱させているように思われます。

けれども、正確にいうと、これらの概念の意味内容は同じではありません。それぞれに異なります。議論の交通整理のために、「国民主権」「民主主義」「国民参加」の語の意味するところを確かめておきましょう。

主権とは、最高・絶対・排他的な統治権をいいます。その統治権を正統化するのが主権の概念です。君主主権は統治の正統性を君主の意志に置き、人民主権は統治の正統性を人民の合意に基礎づけます。

歴史的にみれば、市民革命によって君主主権が人民主権に取って代わられました。暴力革命で奪取した統治権は、正統化されねばなりません。そこで持ち出されたのが、統治権を人民の合意により正統化するルソーの人民主権論でした。

だから、人民主権は市民革命の論理であり、その完遂によって実現します。しかし、市民革命が挫折したり不発だったところでは、君主主権と妥協して国家主権論や法主権論《ノモス》、国王のいる議会主権論が唱えられる一方、のちには国家主権を否定する多元的国家論も主張されました。主権論は、人民主権と君主主権だけではありません。

ところで、民主主義とは人民による統治のことです。それは統治権の帰属ではなく、統治の形態を指します。いいかえれば、統治の正統性の根拠ではなく、どのように統治権が行使されるかを問題にします。そして、統治権が無制約に行使される統治形態を専制といい、法の制約を受ける統治形態を立憲制といいます。

この場合の法とは、基本的人権・権力分立・法の支配を定めた成文憲法を指し、憲法にもとづく統治のことを立憲主義と呼びます。これに対して、法のしばりのない専制は絶対主義、独裁などとも呼ばれます。

主権の所在と統治形態の組み合わせは多様です。君主主権には、絶対君主制と立憲君主制があり、人民主権にも、人民独裁（人民民主主義）と立憲民主制（自由民主主義）があります。また、立憲民主制にも、権力分立を徹底した統治形態もあれば、行政首長や議会の権力が優位する統治形態もあります。重要なのは、抽象的・形式的で理念的な主権の所在ではなく、現実政治における統治権の行使の仕方であることはいうまでもありません。

しかも、民主主義は、直接民主主義としては実現不可能です。民主主義を「制度」化するためには、間接民主主義（代表民主主義）、つまり議会民主制を採るほかありません。国民は選挙で代議士をえらび、議会を主軸とした政府に統治を委ねます。しかし、これをリアルにみれば、議会（下院）の過半数が統治権を行使するのであって、「国民による統治」はタテマエにすぎません。そこで、「国民参加」の必要性が叫ばれるようになります。

国民参加とは、統治権の行使に国民が関与することをいいます。むろん、代表者の選挙は、統治権への間接的な国民参加ですし、例外的に認められる国民投票は、直接的な国民参加です。しかし、「国民参加」という場合、これら法制化された民意伝達の回路の外で、民衆が政治決定に働きかける活動を指すのがふつうです。代表民主制が機能不全に陥っているからこそ、国民の政治参加の動きが高まるためです。

けれども、国民参加は、国民が統治権をもち、これを行使することではありません。せいぜいのところ、デモや集会、チラシの配布や言論活動、署名や陳情・請願、パブリック・アセスメントや公聴会で意見を表明したり、まれに委員会や協議会の委員に選ばれて、民意が政治決定に反映することを期待するにとどまります。代表民主制をとる以上、国民の政治参加に限界があるのは仕方がありません。

ところが、なんとしたことか、裁判員制度が定める「国民の司法参加」は、国民（裁判員）に司法権を付与し、その行使を義務づけました。これは、国民参加が政治意思決定過程への関与であることの認識を欠き、政治参加と司法参加を同一視する点で誤っています。そのため、権力分立や法の支配の憲法原理に反し、司法の独立と人権保障を脅かします。しかも、国民（裁判員）に司法権の行使を義務づけた点で、国民参加の域をあきらかに越えています。参加は国民の要求ではあっても、義務ではないからです。

このように、裁判員制度の導入者や支持者たちは、国民主権・民主主義・国民参加の語を誤用しています。というより、むしろ同義語として――故意か、過失か――乱用しています。かれらは「国民主権」と「民主主義」を同一視し、「司法の民主化」を唱え、そのために「国民の司法参加」が必要だ。いや、国民の義務だ――と主張します。これは、すべて誤りです。裁判員制度をめぐる多くの議論の根本的な誤りは、右に指摘した点に起因しています。

それでも、あなたは司法参加は国民の「権利」だとお考えのようですが、民主主義や国民主権から当然に「司法参加の権利」が導き出せるものではありません。司法は国民の代表機関ではなく、裁判は民意反映の場でもありません。司法は、法の支配にもとづく機関だからです。こう説明しても、いや、なにがなんでも司法は「民主化」すべきで、われわれには「司法参加の権利」があるとおっしゃるのなら、裁判官を選挙でえらぶことにしてはどうでしょうか。わたしたちは参政権をもつから、議員を選挙するのでしょう。同じように、裁判官も公選制にすべきではありませんか。そうでなければ、ご意見はスジが通りませんよね。

民主政治は素人政治か

——待ちかねたように、またまた一人がちょっと皮肉な笑みを頬に浮かべて、こんなことを言いました。

「先生は裁判官にはプロとしての資格が要るといわれましたが、政治家には資格が要りません。民主政治ってのは、しょせん、素人政治のことなのでしょうか」

いい質問です。みんなで考えてみましょう。

たしかに、政治家には資格が要りません。選挙で当選しさえすれば、だれでも議員になれます。その意味では、民主政治はおっしゃるとおり〝素人政治〟です。

マックス・ヴェーバーは『職業としての政治』で、政治家に必要な資質として、情熱・責任感・判断力をあげています。そして、「政治とは、情熱と判断力の二つを駆使しながら、堅い板に力をこめてじわっじわっと穴をくり貫いていく作業である」といいました。

その困難な仕事に耐えるには、政治家は「心情倫理」ではなく、「責任倫理」をもたねばならぬ、と説きました。責任倫理とは歴史に対する結果責任であって、主観的・情緒的な倫理ではありません。言い訳のきかない結果責任です。なぜなら、政治家は「正当な暴力行使という特殊な手段をもっているからだ」と（傍点は原文）。

「政治にタッチする人間、すなわち手段としての権力と暴力性とに関係をもった者は悪魔の力と契約を結ぶものであること、さらに善から善のみが、悪から悪のみが生まれるというのは、人間の行為にとって決して真実ではなく、しばしばその逆が真であること。……それが見抜けないような人間は、政治のイロハもわきまえない未熟児である」

政治家に求められる責任倫理は、それほど厳しく重いのです。

それにつけても、昨今のわが国の政治家は、いかに無邪気で無責任な「未熟児」が多いことか。政治家の資質も能力もなく、倫理さえわきまえず、ひたすら権力をもてあそび、票とカネのために選出母体や支持団体の利害を代弁し、議会はいまや対立する利害抗争の修羅場と化しました。エエイ、面倒だと抜き打ち・だまし討ちの強行採決で、とっとと多数決で決めちまえ——といったありさまです。

某議員は、これを「田舎のプロレス」と自嘲しました。大島理森《ただもり》衆院議長も嘆いています。

「国会議員はプロとしての仕事をしないと、政治が信頼を失い、ますますポピュリズムが深まりかねない。国民から『代議制民主主義はもう機能しないんじゃないか』と思われてしまう。熟議して決するという自負を持ってもらいたい」(読売新聞二〇一七年一月六日)

これは政治家の劣化です。

議会制民主主義が機能不全に陥ったのは、政党と政党政治が衰弱した結果です。政党が有権者の政治ニーズを吸収し、政策化する能力を失い、有権者の政党離れを引き起こしました。そのため、政党政治は民意形成の役割を果たせず、有権者は政治に対する不信を深めました。投票率の低下が、それを如実に示しています。

しかし、議会民主制はこのような政治の停滞と混乱のためにつくられたのではありません。無責任な素人政治のために考え出されたものでもありません。

議会は多数ではなく、知と徳の代表

議会民主制を理論づけたのは、J・S・ミル(一八〇六~七三年)です。かれは『代議制統治論』(一八六一年)を著し、代議制民主主義の長所を次のように述べています。

「代議制国家構造は、その共同社会に存在する知識や誠実さの一般水準と、それのもっとも賢明な構成員の個人的知性と徳性とを、他のどんな組織形態のもとにおいてそうなるであろうよりも直接に統治に関係させ、統治における大きな影響力をそれらに与えるための一手段なのである」

ミルにとって代議制は、国民のなかから最高の知性と徳性を抽出するための〝濾過装置《ろか》〟でした。そして、これら有徳の士の人格の力と公開の討論によって、多数の力を馴致《じゅんち》するところに真の民主主義、成熟した民主主義が成立する、と考えました。

「多数派だけではなく、すべての者を代表する代議制民主政治においては、数的に劣勢な人びとの利害関心、意見、知的水準が、それにもかかわらず傾聴されるだろうし、数の力には属さない影響力を人格の重みと議論の力によって獲得する機会をもつだろう。この民主政治だけが平等であり、これだけが不偏であり、これだけがすべての人によるすべての人の統治であり、唯一の真のタイプの民主政治なのである」

こうして選挙で第一級の政治家が選出され、これら有徳かつ識見の人物が政治を主導することで成熟した真の民主政治が実現します。かれは、数の上での多数の政治を「間違った民主主義」と断じました。

「民主主義は、熟練を要する仕事が熟練した人たちによってなされることを望まないかぎり、熟練した民主政治を獲得する方向へまったく進歩しえない」

だから、ミルは普通選挙を熱心に支持するとともに、小選挙区を廃して大選挙区比例代表制の採用を唱え、有産者や知識層（銀行家・雇用主・商人・製造業者・知的専門職・大学卒業生）には複数の投票権を与えることを提唱しました。いまどき、こんな議論は通用しませんが。民主主義が多数の支配ではないとした点は、ルソーも同じです。ラジカルな人民主権論を唱えたルソーも、一般意志に導かれた民主政治を「徳」の政治としたことは、前にお話ししました（第2講）。

民主政治は、やはり〝素人政治〟ではありません。いや、あってはなりません。

政治はゼネラリストの仕事です。政治家は政治課題を発見し、解決の方策を考案し、一国の進路を見定めねばなりません。これに対して、スペシャリストとしての行政官僚はその専門知識と実務経験を活用して、政策の具体化と執行にあたる役割を負っています。この両者の役割分担と協働によって政治は円滑に運用されます。それは「政治主導」か、「官僚主導」かといった問題ではありません。両者のメリットを生かした協働態勢をどうつくるか、という問題です。このことは民主政治においても例外ではありません。

ところが、現状はこの両者の協働がうまく機能していません。ともすれば政治家は権力を笠に着て官僚を手足のように使い、官僚は政治家の政策能力の乏しさをひそかに軽蔑するといった風潮がみられます。プロとしての政治家とプロとしての官僚が円滑に協働するためには、お互いの仕事に対する敬意と信頼が不可欠です。

国民は、政治家と官僚がそれぞれの役割を誠実に果たしているか、両者の協働が円滑におこなわれているか、を監視する必要があります。政治・行政は国民の不断のチェックと評価を受けるべきです。これをポピュラー・コントロール（民衆統制）といい、民主主義の原理に立つものであることはいうまでもありません。

司法に関していえば、その官僚化を是正するために司法行政に対するポピュラー・コントロールが必要でしょう。検察審査会や最高裁判事の国民審査は不十分ながら、その仕組みといえます。が、問題は司法行政の公開・公正化であって、間違っても国民に公権力を付与し、裁判に参加させることではありません。それは法の支配を揺るがすことになるからです。

法曹は人ではなく、法の支配に仕えるものです。政治や世論に左右されることなく、法の番人としての仕事に徹することがその職業的使命です。法曹がそのプロフェッショナルとしての自負と誇りを失ったとき——それは司法の独立が失われるときです。

法曹と学者とジャーナリストに出世はありません。プロフェッショナルとしての仕事に誇りをもつからです。昇進や肩書をほしがらず、仕事に仕えるのがプロフェッショナルです。上司にこびる〝ヒラメ裁判官〟は小役人であって、プロフェッショナルではありません。

第8講　破綻する裁判員制度――廃止するしかない

裁判員が嫌われる理由

裁判員制度の実施から九年たちました。今回のテーマは、その運用の検証です。

裁判員制度は、すでにあちこちにほころびをみせています。それはたんなる運用上の不具合ではありません。制度の根幹にかかわる矛盾が露呈したのです。率直にいえば、裁判員制度は破綻しつつあります。

まず、だれの目にも明らかなのは、裁判員を断る人が増えていることです。

最高裁の調べによると、裁判員の選任手続のための「出頭」に応じない人が三人に一人います。裁判員制度が始まった二〇〇九年、この〝無断欠席〟は一六%でした。それが年々増えて一五年には三割を超え、一六年には三七%と当初の二倍以上になりました。

裁判員を辞退する人も増えています。〇九年当初は五三%でしたが、一二年に六〇%を超え、一六年には六五%に達しました。

このように不出頭や辞退が増えたのは、審理期間が長期化したためでしょう。裁判員裁判の一件あたりの審理回数は、〇九年当初の平均三・三回から一七年には四・九回に増え、審理時間にして平均延べ六時間三七分から一二時間二八分とほぼ倍増しました。そのため、初公判から判決までの期間が長くなり、一〇五日かかった例もあります。

また、パートや派遣社員など非正規雇用で長期審理に応じられない人が増えた事情もあるとみられます。

しかし、裁判員を敬遠する人が増えた原因は、おそらくそれだけではありません。正直いえば、だれだって裁判員になりたくないのです。そのことは、最高裁の世論調査（二〇〇九年）でも明らかです。

あなたは裁判員として刑事裁判に参加したいと思いますか

参加したい　四・九％

参加してもよい　九・一％

あまり参加したくないが、義務なら参加せざるを得ない　四〇・六％

義務であっても参加したくない　四四・六％

注目すべきは、「義務であっても参加したくない」人が四割を超えることです。これに「あまり参加したくない」を加えると、八五％の人が裁判員になりたくないのです。他方、「参加したい」「参加してもよい」を合わせて、参加意欲のある人は一四％にすぎません。

参加をためらう理由（複数回答）は「被告の運命が決まるため責任を重く感じる」が七六％でもっとも多く、「素人にできるか不安」や「自信がない」がこれに次ぎ、いずれも五〇％を超えています。

裁判員が嫌われる理由は、次の読売新聞の調査（二〇一四年七月一一日）をみればいっそうはっきりします。

この調査では、「裁判員として裁判に参加したい」一六％、「参加したくない」七六％で、参加したくないと答えた人にその理由（複数回答）を聞いたところ、結果は次のとおりでした。

①有罪・無罪を的確に判断する自信がないから　五四％
②刑の重さを決める量刑を的確に判断する自信がないから　五八％
③人を裁くことに抵抗を感じる　五一％
④被告人など関係者から逆恨みされる心配があるから　一七％
⑤事件にかかわるのが面倒だから　一五％
⑥仕事や家庭の事情で時間がとれないから　三五％
⑦その他・とくにない・答えない　一％

注目されるのは、①②③など、自分には裁判員を務める能力も自信もないという理由が群を抜いて多いことです。これは裁判員の仕事の難しさと責任の重さを理解しているからであって、裁判員の義務を決しておろそかに考えていないことを示しています。

もうひとつ、世論調査をみておきます。これは、朝日新聞が制度実施の直前におこなったものです（二〇〇九年一月九日）。

この調査では、「裁判員として裁判にぜひ参加したい」五％、「できれば参加したい」一七％で、参加意欲のある人は計二二％。これに対して「できれば参加したくない」五〇％、「絶対に参加したくない」二六％で、参加敬遠派は計七六％に達します。

参加したくない理由は——

①正しく判断する自信がない　五〇％
②人を裁くのに抵抗がある　二五％
③仕事や生活に支障が生じる　一五％

読売と朝日では調査の時期や設問が異なるものの、参加したくない理由はほぼ同じです。やはり、人を裁く自信がないからが多く、仕事や家庭の都合をあげる人はむしろ少数です。

ついでに、毎日新聞の世論調査（二〇〇九年一月二八日）も見ておきましょう。この調査には「裁判員制度では、一般市民が死刑判決にかかわることもあります。一般市民が死刑判決にかかわることに賛成ですか」という設問があります。回答は——

賛成　二八％（男性三五％、女性二一％）

反対　六三％（男性六〇％、女性六六％）

反対が賛成を圧倒的に上回っています。

要するに、市民の多くは刑事裁判の能力も資格もないのに、被告人に死刑判決など下せないといっているのです。これこそ、まっとうな「市民感覚」「健全な社会常識」ではありませんか。

どれほど立派な御輿《みこし》をつくっても担ぎ手がいなければ動かないように、制度というものは、これを稼働させる人の意欲と行動がなければ円滑に運用できません。それでも運用したければ、昔のガレー船のように奴隷を鎖でつなぎ、鞭《むち》をふるって船を漕《こ》ぎつづけさせるしかありません。まさか、そんなつもりで裁判員制度をつくったわけではないでしょうが……。

もともと、裁判員制度は設計ミスなのです。欠陥車はかならず事故を起こします。ここで、裁判員制度の不具合をすべて論じるつもりはありません。それは実務家の議論に任せます。ただ、裁判員制度の根本的矛盾があらわになった事件だけをとりあげて、事故原因を究明してみましょう。

裁判員制度合憲のぺてん

①裁判員制度違憲訴訟（最高裁二〇一三年一一月一六日大法廷判決）

まず、裁判員制度の違憲訴訟です。この訴訟で、最高裁は初めて裁判員制度の合憲判決を下しました。
最高裁は裁判員制度の導入者ですから、合憲判決しか出ないことは始めからわかっていました。知りたかったのは合憲の論理です。なぜ、このような制度を導入したのか。それは憲法にどのように根拠づけられるのか。そもそも、国民の司法参加はなぜ必要か——ということでした。

ところが、判決はこれら肝心の点に正面から答えていません。ただ、国民の司法参加は憲法が禁じておらず、どのような司法参加の制度を設けるかは立法裁量に属する。したがって、裁判員制度は合憲だというだけです。

判決のサワリはこうです。

「国民の司法参加と適正な刑事裁判を実現するための諸制度とは、十分調和させることが可能であり、憲法上国民の司法参加がおよそ禁じられていると解すべき理由はなく、国民の司法参加に係る制度の合憲性は、具体的に設けられた制度が、適正な刑事裁判を実現するための諸原則に抵触するか否かによって決せられるべきものである。換言すれば、憲法は、一般的には国民の司法参加を許容しており、これを採用する場合には、上記の諸原則が確保されている限り、陪審制とするか参審制とするかを含め、その内容を立法政策に委ねていると解されるものである」

要するに、判決は①憲法は司法参加を禁じておらず、立法裁量に属する。②裁判員制度の司法参加は、憲法が定める刑事裁判の諸原則に反しない。③したがって、裁判員制度は合憲である——といっているだけです。

しかし、この三段論法は、大前提が間違っていれば成り立ちません。①の命題は果たして真か、偽か。憲法は国民の司法参加を「許容」しているのか、いないのか。憲法が明文で禁じていなければ、司法参加を許容したことになるのか。許容しているというのなら、憲法にどのように根拠づけられるのか。これらの点を最高裁が検討した形跡はありません。論証のない命題を大前提に置いて、三段論法で合憲の結論をひき出しています。

先にみたとおり（第2講）、わたしたちは大前提の命題が誤りであることを知っています。国民の司法参加、少なくとも国民に司法権を行使させるような司法参加は、憲法が定める三権分立と司法の独立の原則に反します。そのような司法参加を法律で国民に義務づけることは、憲法上許されません。この裁判員の義務を国民主権や民主主義によって正当化できないことは、すでに詳しく論じたとおりです。

ところが判決は、裁判員の義務に憲法上の根拠がないため、これは義務ではなく、参政権と同様、国民の「権限」だと強弁しています。

「裁判員の職務等は、司法権の行使に対する国民の参加という点では参政権と同様の権限を国民に付与するものであり……」

ここには、いくつもの誤りが重なってます。

まず第一点。参政権は「政治参加」の権利であって、「司法参加」と同一視すべきではありません。

参政権は、国民が政治的意思決定過程に参加する権利ですが、司法は国民の代表機関ではなく、裁判は政治的意思の表明の場でもないからです。

第二点。裁判員は「義務」であって、「権利」ではありません。義務だから、違反には罰則があります。権利の不行使（たとえば投票の棄権）は罰せられません。また、参政権は国民の政治参加だからといって、有権者が議員とともに議会審議に加わり、立法権を行使するわけではありません。そんなことをしたら、代議制民主主義は成り立ちません。ところが裁判員制度は、（間違って）裁判員に司法権を付与し、裁判官並みに訴訟審理をし、判決を下します。どうしてこれが「参政権と同様」の「国民の参加」なのですか。

第三点。判決は「権利」と「権限」の語を誤用しています。参政権は権利であって、権限ではありません。選挙権は有権者が投票によって議員を選ぶ「権利」であって、自ら議員として議会審議をおこなう「権限」ではありません。

権利とは、一定の利益を要求し、享受することができる法律上の地位です。権利を行使された相手方は、これに対して作為または不作為の義務を負います。一方、権限とは公法上、国や地方自治体の機関が法令にもとづき、その職権を正当に行使しうる範囲をいいます。つまり、権限は政府の権力行使であって、私人には権限がありません。

たとえば、国民は憲法上「知る権利」をもち、法律や条例で「情報開示請求権」を保障されています。しかし、これは「権利」であって、権限ではありませんから、請求者が勝手に情報を開示することはできません。情報を開示するかどうかを決める「権限」をもつのは、国や地方自治体です。要するに、権限は、統治権をもつ国家機関の適法な権力行使の能力であって、私人が権限をもつはずはありません。だから、参政「権」は「権利」であって、「権限」ではないことは明白です。まして、「裁判員の義務」が国民の「権利」でも、「権限」でもないことは明々白々です。

こんな初歩的な法知識を最高裁判事が知らないはずはありません。とすると、これは法律の門外漢をたぶらかすための曲論でしょう。「司法参加」はこのようなマジック・ワードとして使われています。

もう一点、判決のはぐらかし論法を指摘しておきます。それは裁判員の辞退についてです。判決は、裁判員に過重な負担がかからないよう辞退を認めているので、裁判員の義務（判決は慎重に「義務」の語を避け、「負担」というが）は憲法違反ではないとして、次のように述べています。

「裁判員法一六条は、国民の負担を過重にしないという観点から、裁判員となることを辞退できる者を類型的に規定し、さらに同条八号及び同号に基づく政令においては、個々人の事情を踏まえて、裁判員の職務等を行うことにより自己又は第三者に身体上、精神上又は経済上の重大な不利益が生ずると認めるに足りる相当な理由がある場合には辞退を認めるなど、辞退に関し柔軟な制度を設けている。加えて、出頭した裁判員又は裁判員候補者に対する旅費、日当等の支給により負担を軽減するための経済的措置が講じられている（一一条、二九条二項）。

これらの事情を考慮すれば、裁判員の職務等は、憲法一八条後段の禁ずる『苦役』に当たらないことは明らかであり、また、裁判員又は裁判員候補者その他の基本的人権を侵害するところも見当たらないというべきである」

しかし、問題は裁判員の義務が憲法に違反するかどうかであって、負担の程度の問題ではありません。たとえ裁判員の職務が「苦役」に当たらなくても、第6講でお話ししたとおり、思想・良心の自由（憲法一九条）違反のおそれがあります。辞退が認められているといっても〝目こぼし〟にすぎず、拒否の権利ではない以上、憲法違反の疑いは免れません。にもかかわらず判決は、裁判員の負担が「苦役」に当たらないだけではなく、「その他の基本的人権を侵害するところも見当たらない」などと平気で述べています。

これは、思想・良心の自由の侵害が上告理由にないのを奇貨として、論点をはぐらかした〝肩すかし判決〟です。

判決はこのあと、裁判員制度が憲法の定める刑事原則に反しないことを逐一、述べていますが、それはここでの議論のテーマではありませんから省略します。

最後に判決は、裁判員制度の意義をこう説いています。

「裁判員制度は、司法の国民的基盤の強化を目的とするものであるが、それは、国民の視点や感覚と法曹の専門性とが常に交流することによって、相互の理解を深め、それぞれの長所が生かされるような刑事裁判の実現を目指すものということができる。その目的を十全に達成するには相当の期間を必要とすることはいうまでもないが、その過程もまた、国民に根ざした司法を実現する上で、大きな意義を有するものと思われる。このような長期的な視点に立った努力の積み重ねによって、我が国の実情に最も適した国民の司法参加の制度を実現していくことができるものと考えられる」

判決は言うに事欠いて、とうとうお説教になりました。しかし、憲法違反の裁判員の義務を国民に押しつけておいて、「国民に根ざした司法」の実現の努力をわたしたちに求めるとは、とんだお門違いです。

信用されない裁判員

②覆される裁判員裁判判決

最近、裁判員裁判の判決が控訴審で覆る例が少なくありません。刑の量定が取り消されたり、死刑が無期懲役になったり、有罪が無罪になることさえあります。これは「健全な社会常識」「国民の視点や感覚」を裁判に反映させるためという裁判員制度の趣旨に反するのではないか。どうせ裁判員裁判の判決が控訴審でひっくり返るのなら、なぜ裁判員裁判をする必要があるのか、という疑問が生じるのは当然です。

たとえば、東京都庁郵便爆弾事件でオウム真理教の元信者・菊地直子被告に対して、東京高裁は一審・東京地裁の有罪判決（懲役五年）を覆し、無罪としました（東京高裁二〇一五年一一月二七日判決）。容疑は殺人未遂・爆発物取締罰則違反（幇助《ほうじょ》）でしたが、被告は運んだ薬品で爆発物が作られるとの認識がなかったため同罰則に違反せず、また殺人未遂についても「根拠の不十分な推理を重ねたもの」として、一審の判断を退けました。

裁判員のひとりは「無罪と聞いてショック。確かに証拠が少ない難しい事件だったが、私たちが約二カ月間、一生懸命考えて出した結論。それを覆され、無力感を覚える」「何が本当なのか判断が難しかった。その分、自分の感覚を大事に意見を出したのに」と戸惑いを隠せませんでした（朝日新聞二〇一五年一一月二八日）。

また、裁判員裁判で検察の求刑を上回る判決が相次いでいます。最高裁の調べによると、裁判員制度が始まった二〇〇九年五月から一三年一〇月までに判決が言い渡された五七九四人の被告のうち、求刑超えの判決を受けた者は約五〇人。年に一〇～一五人にのぼり、裁判官裁判の時代の年二～三人の五倍に増えています。

たとえば、わが子の虐待による傷害致死事件で、大阪地裁の裁判員裁判は、被告夫婦に対し懲役一〇年の求刑を一・五倍上回る刑を言い渡しました。被告は控訴したものの、大阪高裁で棄却。上告を受けた最高裁は「量刑不当」として原判決を破棄し、夫は求刑どおり懲役一〇年、妻は実行行為に加わっていない点を斟酌《しんしゃく》して、同八年の刑を言い渡しました（最高裁二〇一五年七月二四日第一小法廷判決）。

注目されるのは、白木勇・裁判長の次のような補足意見です。

「本件では、裁判官と裁判員との量刑判断が必ずしもあるべき姿に沿った形で進められていないのではないかという疑問があり、それが本件第一審の量刑判断につながったのではないかと考えられる。裁判官としては、重要な事柄は十分に説明し、裁判員の正しい理解を得た上で評議を進めるべきであり、そうすることが裁判員と裁判官との実質的な協働につながると思われる。評議を適切に運営することは裁判官の重要な職責であり、裁判員裁判を担当する裁判官は、その点を含めて考えてみる必要があることを指摘しておきたい」

これは判決を借りた、最高裁の下級審裁判官に対する〝訓示〟ではありませんか。

また、こんな例もあります。

女子学生強盗殺人事件で千葉高裁は、一審・千葉地裁の裁判員裁判が下した死刑判決を「量刑不当。先例を踏まえるべきだ」として、無期懲役としました。事件は上告されましたが、最高裁は高裁判決を支持、上告を棄却しました（最高裁二〇一五年二月三日第二小法廷判決）。

これに怒った被害者の母親はいいます。「結局、『市民参加』は形だけなのでしょうか。先例で決めるのなら、裁判員裁判という茶番劇は今すぐやめればいい」（朝日新聞二〇一五年二月五日）。

裁判員裁判は、刑事裁判に「市民感覚」を反映させるためというのが、うたい文句でした。ならば、事実認定であれ刑の量定であれ、裁判員の判断を尊重すべきでしょう。直観的な推理だろうと、感情的な厳罰だろうと、素人なら当然のこと。それを科刑の合理性・公平性を損なうから、裁判官はよろしく裁判員を指導せよ。それでも駄目なら上級審でひっくり返してやる——というのなら、そもそも素人に事実認定も刑の量定もさせる裁判員制度が間違っていたのです。

病気になっても知らんぷり

③裁判員のストレス傷害事件（福島地裁二〇一四年九月三〇日判決）

裁判員の精神的負担は大変なものです。

二〇一三年、福島地裁郡山支部で強盗殺人事件の裁判員を務めた女性が、急性ストレス障害を発症しました。証拠調べで殺害現場の血まみれの写真を見せられ、助けを呼ぶ悲鳴の携帯電話の録音を聞かされたことで嘔吐《おうと》や不眠がつづき、夢の中で死刑判決を受けた被告の姿を見るようになりました。

耐えかねた女性は、最高裁のメンタルサービスセンターに電話したところ、旅費自弁で上京しないと対応できないといわれ、近くの保健所に行くよう勧められました。そこで保健所に行くと、前例がないとして応じてもらえず、市内の心療内科で受診した結果、ストレス障害と診断されました。

女性は考えあぐねたすえ、裁判員の義務は憲法が禁じる苦役（一八条後段）に当たるとして、国家賠償法による損害賠償請求訴訟を起こしましたが、福島地裁は請求棄却の判決を下しました。

判決は、前述の最高裁二〇一一年一一月一六日判決を引用して、「憲法は、一般的には刑事裁判に国民の司法参加を容認している」としたうえで、こう判示しています。

「憲法自体が国民の司法参加を容認していると解される以上、その実現のために国民の一定の負担が課されることは、憲法の予定するところであって、その負担に必要性が認められ、かつその負担が合理的な範囲に留まる限り、憲法一八条後段には違反しないと解するのが相当である」

しかし、この判決は問題をすり替えています。問われているのは国の賠償責任の有無であって、裁判員の義務が憲法の「苦役」に当たるかどうかではありません。もし裁判員の職務遂行と病気のあいだに相当因果関係があり、裁判員に対する裁判所の健康管理の失態に故意・過失があれば、国に損害賠償責任が生じます。だから、賠償責任がないというためには、裁判員の公務とストレス障害とに相当因果関係がなく、裁判員の健康管理について裁判所に落ち度がなかったことを認定する必要があります。

ところが判決は、訴えの理由が憲法一八条違反（苦役）だったのをこれ幸いとして、裁判員の負担は「苦役」に当たらないというだけで、訴訟の争点をはぐらかしました。

裁判員の義務は、当人にとってこれほど過酷で非人間的です。その義務の履行を罰則で強制しておきながら、たとえ裁判員が病気になっても国は知らんぷりをしています。これが、裁判員制度の導入者のいう「国民の権利」としての「司法参加」の実態です。

④裁判員声かけ事件（福岡地裁小倉支部二〇一七年一月六日判決）

防げない暴力団員の脅し

二〇一六年、福岡地裁小倉支部の裁判で裁判員の女性二人が裁判所を出たところ、元暴力団員らから「あんたらの顔は覚えとるけね。（被告は）同級生だからよろしく」「もうある程度、刑は決まっとるんやろ」などと声をかけられる事件が起きました。

裁判は特定危険指定暴力団・工藤会系の幹部が日本刀で知人を刺し、殺害しようとした殺人未遂事件で、声をかけた一人は同会系の元組員、もう一人は被告の知人の会社員でした。二人は裁判員法違反（威迫・請託）容疑で逮捕・起訴され、その後に裁判は裁判員裁判から除外されて裁判官だけの裁判に移されました。

裁判員法は、裁判員が危害を加えられ、または生活の平穏をいちじるしく侵害されるおそれがあり、そのため裁判員が畏怖して職務の遂行ができず、代わりの裁判員の選任も困難なときは、裁判官だけの裁判をすることができると定めています。裁判員裁判の除外は、検察官・被告人・弁護士の請求または裁判所の職権で決めます（三条）。これまでにも除外の例はありますが、裁判途中での除外は初めて。裁判員法違反の逮捕・起訴もこれが初めてです。

福岡地裁小倉支部は翌年、元組員に懲役九カ月・執行猶予三年（威迫）、会社員に懲役一年・

執行猶予三年（威迫・請託）の判決を下しました。

威迫事件の直後、最高裁は全国の裁判所に事務連絡し、傍聴人の裁判員への接触を禁じる警告書を所内に張り出しましたが、事件は庁舎外で起きたことです。これは廷吏の権限の及ぶところではなく、警察の所管です。

ところが、某検察幹部（匿名）は判決を評して、こうコメントしました。「（裁判所が）きちんと対処することで、国民の間に『厳正に処罰してもらえるんだ』という理解が広まれば、さらに裁判員制度に対する支持が広まっていくはずだ」（朝日新聞西部本社版二〇一七年一月七日）。――おやおや、警察の失態を棚に上げ、「厳正な処罰」で裁判員制度の支持が広まるなどとよく言えたものです。

もっとも、警察にしてみても裁判員に四六時中、警官を張りつけて身辺警護に当たることはできない以上、裁判員へのこうした脅迫や嫌がらせは防ぎようがありません。だからでしょう、福岡地裁小倉支部も本庁も、いまだに事件の詳細と再発防止策を明らかにしていません。

なぜ重大な刑事事件に裁判員裁判なのか

さて、しかし、問題はもっと大きなところにあります。それは、なぜ重大な刑事事件（刑の上限が死刑、無期懲役・禁錮にあたる犯罪）にかぎって裁判員裁判をすることにしたのか、という疑問です。裁判に「市民感覚」や「社会常識」を生かしたければ、まず民事訴訟や行政訴訟に裁判員裁判を導入すべきでしょう。民間の経済活動を知り、行政との争訟の壁に悩む市民の声を反映させるべきなのは、この種の訴訟ではありませんか。

それとも、世間を騒がす凶悪犯罪は一般人の関心が高いので、興味本位の司法参加が見込めるとでも考えたのでしょうか。いや、実はこれ、司法の本流から外れていた刑事裁判官らの巻き返しだとのうがった見方もあるようですが、門外漢のわたしには知るよしもありません。ただ言えるのは、誤判事件が相次いで発覚し、冤罪《えんざい》の防止がさかんに議論されるなかで裁判員制度が導入されたということです。

一九九〇年代半ば、冤罪事件がつぎつぎと明るみにでました。免田事件、財田川事件、島田事件など、死刑囚の再審無罪で司法の欠陥が白日の下にさらされました。誤判をうむ過酷な取調べや自白偏重の裁判のあり方、書面審理主義への批判が高まり、刑事司法は改革の必要に迫られました。

そうしたなかで、陪審制や参審制といった市民の司法参加によって誤判を防げるのではないかとの議論が勢いづきました。参審制とは、陪審制の陪審員が事件の事実認定しかしないのに対して、参審員は裁判官とともに事件を審理し判決を下す裁判制度で、独・仏などで採られています。

日本では、かねて日弁連が陪審制の導入を唱えていました。一方、最高裁は陪審制に反対でしたが、結局、日本型の参審制である裁判員制度で妥協したといわれます。

そんな経緯から、国民の司法参加の是非を突きつめて議論しないまま、短兵急に陪審制と参審制のどちらがよいかとの議論に先走ってしまいました。そのため、司法参加がなぜ必要なのか、憲法にどのように根拠づけられるのかについての〝理論武装〟がありません。最高裁の裁判員制度合憲判決が「憲法は司法参加を禁じていない」という立法裁量論をとるしかなかったのはそのためです。

裁判員制度が実施されて一〇年目を迎えようとしています。その間に、多くの学者や実務家がこの制度の功罪を論じてきましたが、こんな意見があります。

木谷明（元裁判官・元法政大教授・弁護士）

「裁判員制度が始まって、全くの非専門家が量刑まで担うことにしたのは大失敗だと思います。一般の人が量刑を判断すると、被害者に同情してしまい、ともかく重くしなければいけないという思いが先走って、この被告人に一番適切な量刑は何かという観点は飛んでしまう。ですから、求刑を超えた判決が何度も出ました。最高裁が求刑の水準まで押しとどめたこともありましたが、それでよかったのかどうかという問題もあるわけです。量刑を裁判員に任せるのではなく、争いのある事実について裁判員裁判に付し、量刑は本職が判断するべきです。

浜井浩一（龍谷大学教授＝刑事政策）

確かに、無罪を争っているケースとか、被害者が参加しているケースで、裁判員が量刑までかかわってしまうと、劇場型裁判というか、情に流される裁判になってしまう例が日本では見られることは事実です。

指宿信（成城大教授＝刑事訴訟）

被害者の参加制度もちょうど裁判員制度と同時期に始まりました。

浜井　それがある意味、裁判員制度にとっては残念な効果をもたらしてしまったという点に関して同意します。ただ、それをもって裁判員が裁判にかかわる制度改革全体を否定してしまってはいけないのではないでしょうか。裁判員が情に流されるのは当然のことで、重大な事件ほどそうなりがちでしょう。それを問題にするのはわかります。だからこそ、私は、裁判員制度はもっと市民にとって身近な事件からスタートすべきだったと思っています。それこそ認知症で自分の名前も言えないような高齢者が万引きで法廷に引っ張り出されて、求刑五年、懲役三年六カ月という裁判を受けている現実を多くの人が知って、それをきっかけに裁判について考える機会にしてもらいたいと思います。

指宿　まずは簡易裁判所に市民を入れてもいいですね（簡裁の刑事事件の八割が窃盗）」

（指宿信・木谷明・後藤昭・佐藤博史・浜井浩一・浜田寿美男編『シリーズ・刑事司法を考える』第0巻）

傾聴すべき意見です。

司法は〝国家の番犬〟か

裁判員制度をめぐる個別・具体的な問題を論じることは、このセミナーの目的ではありません。わたしたちのテーマは民主政治における司法のあり方です。そのような観点から、昨今いちじるしい司法の治安機構化を問題にしました。そして、司法が公安警察と一体化し、「治安国家」が形成されつつある危険を指摘しました。

戦前の治安維持法に詳しい刑法学者の内田博文・九大名誉教授は、近著『戦争と刑法』で裁判所が特高と一体化して治安国家体制を築いた様子を詳細に述べています。そして、裁判は儀式化し、司法は「国家の番犬」になったと評しました。

その内田教授は、裁判員制度で何が変わったかとの問いにこう答えています。

「裁判員制度の導入は日本の刑事訴訟の意義に『国民の理解』という新たな点を加味したといってよいが、それが現実に果たした役割というと、厳罰化以外は見るべきものがないのが実情である」

そのうえで、「『法の支配』からの逸脱がどのような刑事裁判をもたらしたかを、忘れてはならない」と警鐘を鳴らしています。

まったく同感です。

大切なのは、それが過去の出来事ではなく、現在への警告だということです。歴史の教訓は生かさねばなりません。いま、問われているのは、ポピュリズム化する政治に対して司法が法の支配をまっとうしうるか、ということです。

これまでの議論を踏まえ、昨今の政治と司法の危機について、最終回でわたしたちの考えをまとめることにしましょう。

第9講　ポピュリズムはファシズムか——司法と民主主義の危機

ポピュリズムとファシズム

このセミナーのテーマは、ポピュリズム政治と司法の役割でした。そこでまず、ポピュリズムとはなにか。なぜ起きるのか、を考えました（第3講）。

そのとき、お気づきになったでしょうが、ポピュリズムはファシズムと似たところがあります。その全体主義的傾向や没落する中間層の不安に起因すること、議会民主制への不信の高まりや権力集中への志向といった点は、たしかに両者に共通しています。

では、ポピュリズムはファシズムなのか。あるいは、ファシズムの前兆なのか——そんな疑問が湧いてきます。今回は、ポピュリズムとファシズムの関係について考えてみたいと思います。そうすることによって、ポピュリズム政治において司法が果たすべき役割がいっそう明らかになると思われるからです。

身をもってファシズムを体験したイタリアの作家、ウンベルト・エーコ（二〇一七年死去）

は、ファシズムとポピュリズムのつながりについて次のように述べています。

「原ファシズムは『質的ポピュリズム』に根ざしたものです。民主主義の社会では、市民は個人の権利を享受しますが、市民全体としては、〈多数意見に従う〉量的観点からのみ政治的決着能力をもっています。原ファシズムにとって、個人は個人として権利をもちません。量として認識される『民衆』こそが、結束した集合体として『共通の意志』をあらわすのです。人間存在をどのように量としてとらえたところで、それが共通意志をもつことなどありえませんから、指導者はかれらの通訳をよそおうだけです。委託権を失った市民は行動に出ることもなく、〈全体をあらわす一部〉として駆り出され、民衆の役割を演じるだけです。こうして民衆は演劇的機能にすぎないものとなるわけです」（『永遠のファシズム』）

ここで「共通意志」と呼ばれているのは、ルソーのいう一般意志のことです。前にお話しした、ルソーの一般意志・全体意志・特殊意志の区別を思い出してください（第2講）。

エーコの指摘は鋭く、的確です。個々人が権利をもつ市民は、ポピュリズムやファシズムによって、たんなる量としての民衆におとしめられ、政治指導者に動員されて民衆の役割を演じさせられます。

そしてエーコは、ファシズムの本質は議会主義の否定にあるとつづけます。

「いまでは質的民衆主義《ポピュリズム》の絶好の例を、わざわざヴェネツィア広場やニュルンベルク競技場にもとめる必要はありません。わたしたちの未来には、〈テレビやインターネットによる質的民衆主義〉への道が開けているのですから。選ばれた市民集団の感情的反応が『民衆の声』として表明され受け入れられるという事態が起こりうるのです。質的民衆主義を理由に、原ファシズムは〈『腐りきった』議会政治に反旗をひるがえすにちがいありません〉。……議会がもはや『民衆の声』を代弁していないことを理由に、政治家がその合法性に疑問を投げかけるときは、かならずそこに原ファシズムのにおいがするものです」

カール・シュミットの独裁論

これは自由主義者のファシズム批判です。その正反対の主張をしたのが、政治哲学・憲法学者のカール・シュミットです。シュミットは、議会政治の欺瞞《ぎまん》性を徹底的に批判し、集合した民衆の「喝采」に一般意志を見いだしました。

「人民が代表されるということはありえない。人民は、純粋民主主義においては、現存する・現実に集合した人民として、可能な最高度の同一性をもって存在する。ギリシャの民主政では市場における人民集会として、またローマの広場の男子の集会または軍隊として、スイスの州会として。……現実に集まった人民がはじめて人民であり、現実に集まった人民のみが、特別にこの人民の活動に属することをなしうる。すなわち、喝采する、つまり、単純な叫びによって自己の同意または拒絶を表現し、万歳とか、くたばれとか叫び、ひとりの指導者またはある提案に歓呼し、国王やその他の誰かの万歳を唱え、または沈黙や不満の声によって喝采を拒絶することができる。……例えば街頭のデモでも、公けの祝祭でも、劇場内でも、競技場やスタディアムでも、この喝采する人民は現存し、少なくとも潜在的には、ひとつの政治的存在である」（傍点は原文。『憲法理論』）

この議論の前提には、議会制はもはや形骸化したとの認識があります。

「今日、人びとの運命がかけられているような政治上および経済上の重大な諸決定は、もはや（もし、かつてはそうであったとしても）、公開の言論と反対言論における意見の均衡の帰結ではないし、議会の討論の結論でもない。……委員会、それもいよいよ小規模の委員会に仕事が移り、結局はそもそも本会議、したがって議会の公開性がその目的から遠ざかって、必然的に単なる門構えにすぎぬものとならざるをえない。……諸政党あるいは政党連合のより少人数の、また最小の人数の委員会が、閉じられた扉のうしろで決定を下すのであり、大資本の利益コンツェルンの代表たちが最も少人数の委員会でとりきめることが、数百万人の日々の生活と運命にとって、おそらく前述の政治的諸決定よりも重要なのである。……議会の活動の事実上の実態において公開性と討論が空虚で実質のない形式になってしまったとき、それまで〔一九世紀に〕発展してきた制度としての議会もまた、その〔従来の〕精神史的な基盤と意味とを失ったのである」(『現代議会主義の精神史的状況』)

そして、かれはつづけます。

「ボルシェヴィズムとファシズムは、あらゆる独裁と同じく、なるほど反自由主義的ではあるが、必ずしも反民主主義的ではない。……国民は公的領域でのみ存在する。一億人の私人の一致した意見は、国民意思でもなければ公開の意見〔公論〕でもない。国民意思は、歓呼、喝采によって、自明の反論しがたい存在によって、ここ半世紀のあいだあれほど綿密な入念さをもってつくりあげられてきたところの統計的装置によってと同じく、また、それよりいっそう民主主義的に表明されうるのである。……技術的な意味においてだけではなく、本質的な意味においても直接的な民主主義を前にしては、自由主義の思考過程から生まれた議会は、人為的な機構にみえるのであり、それに対し、独裁やカエサル主義〔専制主義〕の方法は、国民の喝采によって担われうるだけでなく、民主主義的な実質と力の直接的な表現でもありうるのである」（前掲書）

シュミットは、代議制民主主義（間接民主主義）の不毛を痛罵《つうば》し、直接民主主義としての人民集会の喝采に支持された指導者独裁を正当化しました。ヒトラー総統が人民の一般意志を体現するのです。ハイル・ヒトラー！

シュミットはその後、ナチ党に入党し、ナチズムの理論的指導者となります。そして戦後、戦争犯罪の容疑で逮捕。起訴は免れましたが、ナチ協力のかどで学界から追放されました。

ファシズムとはなにか

しかし、これだけではポピュリズムとファシズムとのつながりは理解できても、両者の区別がいまひとつはっきりしません。やはり、もう少し具体的にファシズムとはなにかを明らかにする必要があります。ところが、ファシズムやファシストの語はしばしば政治的に乱用され、その意味内容を確定することがはなはだ困難です。

ファシズム研究で知られる山口定・大阪市立大名誉教授は、ファシズムを運動・思想・体制の三つの側面から、その発展段階を追った実証的分析をおこないました。そして、各国の政治状況により異なる形態をとるファシズムを比較検討し、日本ファシズムの特徴をも指摘しています（『ファシズム』岩波現代文庫）。

が、ここでは話を簡略にするために、歴史家・評論家の保阪正康氏によるファシズムの図式を借りることにしましょう（『昭和史のかたち』岩波新書）。

まず、正方形を描いてみてください。そして、四つの辺を①情報の一元化、②教育の国家主義化、③弾圧立法の制定と拡大解釈、④官民挙げての暴力に見立てます。この檻《おり》の中に国民を囲い込み、じわじわと囲みを縮めていくのがファッショ化の過程です。

戦前のファシズムをこの図式によってわたしなりに説明すると、およそ以下のとおりです。

①情報の一元化

これは大本営発表に象徴されます。戦時中、報道規制が敷かれ、戦況報道は軍指導部の大本営に一元化されました。そして、戦果を誇大に発表するばかりか、捏造《ねつぞう》さえしました。おかげで、国民は「赫々《かくかく》たる戦果」のニュースばかり聞かされ、いよいよ後退戦の転機となったアッツ島の全滅は「玉砕」と美化されました。

これと並行して、言論・報道規制がいちだんと強化されたことはいうまでもありません。新聞統制や検閲、密告が日常化しました。言論規制だけではなく、治安維持法による思想取締まりも相乗効果をあげました。軍事情報をもらすとスパイの嫌疑がかかり、時局に批判的な言葉を口にすると「非国民」と指弾されました。

戦争が長期化するに及んで「言論報国会」を組織し、作家・ジャーナリスト・演劇人・音楽家らを戦意高揚・国民教化に動員したことも見落とせません。こうして自由な言論が封じられたため、評論家・大宅壮一はペンを折り、敗戦まで畑仕事をしていました。

②教育の国家主義化

これは、国定教科書の変化に端的にあらわれています。小学校（「国民学校」と改称された）一年の国語の教科書が「サイタ、サイタ、サクラガサイタ」から「ススメ、ススメ、ヘイタイススメ」に変わりました。修身の教科書も、忠君愛国の話が増えました。

それだけではありません。各学校に御真影《ごしんえい》（天皇・皇后の写真）と教育勅語を納めた奉安殿を設け、登下校時に敬礼を義務づけられました。また毎月、大詔奉戴日（太平洋戦争開戦の八日）には校長がモーニングに白手袋で巻物の教育勅語を奉読し、全校生徒が頭《こうべ》を垂れて拝聴させられました。

忠君愛国・滅私奉公は兵士と国民、前線と銃後を問いません。文学・映画・演劇・音楽など文化活動が軍国主義化し、広告・宣伝にまで及びました。戦時中のポスターには「銃後の護《まも》り」「尽忠報国を日常生活に」「勤労報国」「一億一心百億貯蓄」「秘密戦から日本を守れ／一人一人が防諜《ぼうちょう》戦士」といった標語が乱舞しました。

いよいよ本土空襲が始まると、こんなポスターも登場しました。家並みの俯瞰《ふかん》写真をバックに、キャプションにいわく――「爆弾は炸裂《さくれつ》した瞬間しか爆弾ではない。あとは、唯《ただ》の火事ではないか。唯の火事を、君は消そうともせずににげだすてはあるまい／召集を受けた勇士を、『一死奉公立派に働いてくれ』と君は励ました／一旦風雲急となった時、この都市を、護るのは今度は君の番なのだ。英霊は君の奮闘を見守ってゐる」。

③弾圧立法の制定と拡大解釈

戦前の弾圧立法の最たるものは治安維持法ですが、これについてはすでにお話ししましたから、ここでは省きます。

ただ、留意したいのは強権的弾圧だけではなく、体制への国民の取り込みが進んだことです。それが大政翼賛会です。一九四〇年、第二次近衛文麿《このえふみまろ》内閣は政党を解散して大政翼賛会に合流させ、産業報国会・翼賛壮年団・大日本婦人会を統合し、青年団・町内会・隣組を末端組織とする国民運動を起こしました。

これは、重臣など旧支配層の影響を排除し、天皇親政の名のもとに国民の協力を得つつ、統治体制の刷新を図るものでした。「新体制」運動とも呼ばれました。そのために、既存の職能団体や地域組織をこの国民運動に組み込みました。これはいま考えれば、上からの〝官製ポピュリズム〟というべきものでした。

「大政翼賛」とは、つまるところ国策協力のことであって、国民の自発的な政治参加ではありません。だから、笛吹けども汝ら踊らず。新体制運動は当初の政治刷新の意図に反し、戦争の激化につれて戦時体制づくりのための国民総動員になり果てました。そして、近衛内閣は軍閥内閣に取って代わられ、大政翼賛会は戦争末期に解散の運命をたどりました。

④官民挙げての暴力

「官の暴力」とはテロや拷問のことです。

たとえば五・一五事件（一九三二年）。これは海軍青年将校や陸軍士官候補生らが起こしたクーデターで、首相官邸などを襲い、犬養毅《つよし》首相を射殺しました。

もうひとつの官の暴力は拷問です。拷問は警察の取調べの常套《じょうとう》手段となり、とくに特高の拷問は残虐・非道をきわめ、死にいたることもありました。プロレタリア作家で『蟹《かに》工船』を書いた小林多喜二の拷問死はよく知られています。哲学者・三木清も治安維持法違反で検挙され、敗戦直後に獄中で病死しました。

一方、「民の暴力」も少なくありません。浜口雄幸《おさち》首相は、天皇の統帥権を干犯したとして、一青年に狙撃され、のち死亡しました。天皇機関説を唱えた美濃部達吉教授は、右翼の暴漢に襲われました。また、関東大震災では、自警団を称する民間人が、朝鮮人に暴行・虐殺を働きました。

市民生活や教育の場でも、「鉄拳制裁」という小さな暴力が横行しました。この〝びんた〟は軍隊の制裁をまねたのかもしれませんが、学校教師の特権でした。なかには、海軍兵学校のまねをして「精神棒」と称する棒で尻をひっぱたく教師もいました。「軍国少年」を育てるために、体罰は容認されていたのです。

ファッショ化の指標

さて、わたしたちにとっての問題は、昨今の政治はファッショ化しているのかということです。ここはひとつ、右の四つの指標を基準に、ご自分で診断していただきましょう。ただ、わたしも出題者としての責任上、わたしなりの答えはあります。参考までに明かしておきましょう。

まず、だれもが気づくのは、②の教育の国家主義化でしょう。その筆頭は、第一次安倍政権下の教育基本法の改正（二〇〇六年）です。これは一言でいえば、個人主義教育から愛国心を養成する国家主義教育への教育理念の転換です。教科書も検定を通じて、政府の公式見解や方針を記述するよう指導されました。あわせて、教育委員会を改組し、教育行政に対する自治体首長の権限を強化しました。こうして、教育の国家主義的統制はかなり進んでいるといえるでしょう。

次に気になるのは、③の弾圧立法の制定です。なにしろ、つい最近、治安維持法の再来といわれる共謀罪法（組織犯罪処罰法の改正）が成立したばかりですから。しかし、これについては前述しましたから、ここではくり返しません。

ただ、このような治安体制の強化は、市民警察の公安警察化を伴うことを忘れてはなりません。実際、それはすでに始まっています。

たとえば、こんな事件があります。

二〇一六年、米軍普天間飛行場の辺野古移設工事の反対運動をしていた沖縄平和運動センター議長が、五カ月間も長期勾留されました。

議長は座り込みの抗議の際、沖縄施設局が設置した有刺鉄線一本を切ったとして、器物損壊容疑で逮捕されました。逮捕状による三日間の身柄拘束を延長するため、検察は勾留請求をしましたが、那覇地裁は却下しました。ところが、県警はその日のうちに、被疑者が同局職員の腕をつかんでけがをさせたとして、傷害・公務執行妨害の容疑で再逮捕しました。そして被疑者は、取調べで抗議行動を「共謀」したとの自白を強要され、「もう辺野古には行かないか」としつこく迫られました。

さらに、被疑者が工事阻止のため基地の前にブロックを積み上げたのは威力業務妨害だとして再々逮捕。勾留期間を延長したすえ、検察は計四つの罪で起訴しました。弁護側は再三、保釈を請求したものの却下され、初公判の翌日、やっと保釈されました。勾留期間はなんと五カ月にも及んだというのです。

これは異常です。警察は裁判での有罪よりも、反対運動のリーダーの身柄拘束をねらったとしか考えようがありません。それを安易に認めた裁判所も裁判所です。こうした手法による警察の反政府運動の弾圧と、これを追認する裁判所との連携プレーは、戦前の治安維持法下でみられたことです。

治安国家化も相当すすんでいるといわねばなりません。

①の情報の一元化については、かつての大本営発表のようなものはありません。しかし、特定秘密保護法が制定（二〇一五年）され、国家秘密の取材・報道が処罰されるようになりました。官庁の情報管理もきびしくなり、記者の取材が阻まれています。その一方、政府に都合の悪い報道があると「偏向報道」だとして、陰に陽にメディアに圧力をかける例があとを絶ちません。

国際ＮＧＯ「国境なき記者団」は二〇一六年、日本の報道の自由度を世界ランキング七二位と発表しました。二〇一〇年に一一位だったのが、一四年には五九位、一五年は六一位と下がりつづけています。

また昨年（二〇一七年）五月、国連の「表現の自由」に関する特別報告書の作成者は、特定秘密保護法や政府関係者によるメディアへの直接・間接の圧力に懸念を表明しています。

このように、情報の一元化まではいかずとも、取材・報道の自由はじわじわと狭められ、その萎縮効果はすでにあらわれています。

④の官民挙げてのテロについてみると、まだそこまでにはいたっていません。とはいえ、暴漢による朝日新聞記者の襲撃・死亡事件がありました。

拷問や自白の強要も根絶したわけではありません。いまなお密室でおこなわれているからこそ、取調べの可視化が進められているのでしょう。

言葉の暴力といわれるヘイト・スピーチも横行しています。これには最近、規制法ができましたが、インターネット上で飛び交う暴力的言辞は規制のしようがありません。

また、テロに関しては共謀罪法、政府のいう「テロ等準備罪法」制定にともなって、警察の過剰捜査や通報奨励による密告社会の到来が懸念されます。

ざっと以上のようにみてくると、最近の政治はファシズムとまではいえませんが、ファッショ化の兆しがあることは否定できないでしょう。それは、もともとポピュリズムがファシズムへの契機をはらんでいるからです。

権力分立・法の支配の形骸化

それでも、ポピュリズムとファシズムとは区別されねばなりません。

ではファシズムの核心はなにか。

エーコもシュミットも立場こそ違え、ファシズムの核心を議会民主主義の否定におきました。ポピュリズムもファシズムも議会民主制の機能不全に触発されて生じる点は共通していますが、前者は議会民主制への懐疑・不信にとどまるのに対して、後者は明確にこれを否定し、擬似的な直接民主主義（独裁）を志向します。

議会民主制は、複数政党が政権交代する政党政治を意味します。ファシズムはこれを廃止し、一党独裁を実現しようとします。ポピュリズムは反既成政党・反エスタブリッシュメントを唱え、政治に見捨てられた民衆の不満と怒りに支えられながらも、議会政治を否定するわけではありません。政治運動としては、むしろ議会への進出を図っています。また、一党独裁体制を実現しようとしているわけでもありません。この点が、ポピュリズムとファシズムとの違いでしょう。

ただし、議会政治の否定と一党独裁はファシズム体制ができあがった段階でのことです。一党独裁によって、ファシズムは体制として完成します。ナチスも選挙で議会の第一党となり、ヒトラーが首相に任命されて政権を握りましたが、その時点から全権委任法による政党の解散まで五カ月半かかっています。イタリアの場合も、ムッソリーニ内閣の成立から一党独裁の完成まで四年半かかりました。

日本の場合はといえば、二・二六事件から政党の解散、大政翼賛会の成立まで四年七カ月かかっています。しかも、翼賛会は国民運動であって、政党ではありません。日本のファシズム（軍国主義）は一党独裁ではなかったのです。

とすると、一党独裁でなければファシズムでないとは言い切れません。それに、一党独裁は完成したファシズム体制の特徴であって、「ファッショ化」の程度を測る指標として不適当です。

そこで、わたしは、三権分立と法の支配の形骸化をファッショ化の指標にしたいと思います。つまり、権力分立による抑制・均衡が現に機能しているか。司法が時の政権に抗して法の支配を堅持しているか。司法が多数の支配に屈していないか。その結果、個人の権利・自由がどこまでまもられているか――ということを、ファッショ化の判断基準にするわけです。この基準にはかなりの幅がありますが、ファシズムへの推移の程度を知るためにはそのほうがいいでしょう。

ファシズムがめざすのは権力分立と法の支配の廃止であって、独裁はその手段です。カール・シュミットもこう明言しています。

「独裁は民主主義の対立物ではなく、本質的に権力分立の廃棄、すなわち憲法の廃棄、立法権と執行権の分離の廃棄を意味する」（『現代議会主義の精神史的状況』）

また、山口教授はファシズム体制の本質を権力分立と法の支配の否定にみています。

「一般に自由主義的民主主義の場合には、権力の正統性原理は、結局は、『個人の自由』もしくは『権利』の保障ということに帰着するであろう。そして、そのことを保障するために『三権分立』体制や『法の支配』があり、権力は、この点の保障そのものには手をつけられないし、むしろこれを守ることを少なくとも建前としては堅持しなければならないであろう。それに対してファシズムの場合には、正統性原理の核心におかれるのは、もはや『個人』ではなくて、『民族』であった。広い意味での『民族共同体』の『防衛』もし

くは『発展』に奉仕するというのが、権力の自己正当化の核心的な論理であった」（山口・前掲書）

ファシズムとはつまるところ、権力分立と法の支配を否定する人権抑圧体制です。その方向に向かう政治の動向をファッショ化といいます。

その判断にあたって重要なのは、法制度ではなく、それが実際に果たす機能です。制度は形の上では同じでも、運用次第で政治機能がまるで異なることは珍しくありません。たとえ制度としては議会民主制や権力分立制があっても、これを形骸化し権力を指導者に集中すれば、独裁は可能だからです。

では、昨今の日本の政治はどうでしょうか。ポピュリズム化した政治は、ファッショ化ではないのでしょうか。

わたしの見立てはこうです。現在の政治体制はファシズムではありません。近年の政治動向をファッショ化だ、と即断することにも無理があります。しかし、政治がポピュリズム化していることは確かで、そのポピュリズムがファシズムへの契機をはらんでいることは否定できません。

ポピュリズムは民主主義の「逸脱」です。ファシズムは、民主主義への公然たる「反逆」です。そして、逸脱と反逆は地つづきです。

司法と民主主義が危ない

このように見てくると、司法の現状は危機的です。司法にポピュリズム政治を抑止すべき役割をとうてい期待できません。それどころか、司法は国民の「司法参加」によってポピュリズム政治に門戸を開きました。いや、政治のポピュリズム化の先手を打って、司法自身がポピュリズム化してしまいました。

法の支配を堅持し、個人や少数者の権利・自由をまもるべき司法が、裁判員制度を導入することによって、裁判まで多数支配の場に変えてしまったからです。裁判に「市民感覚」や「社会常識」を反映させるためと称して、一般市民に裁判官並みの権限を与えて「司法参加」を義務づけました。

これは「国民皆兵」ならぬ〝国民総裁判員〟です。上からの〝官製ポピュリズム〟にほかなりません。戦時中の大政翼賛会とそっくりです。違うのは、タテマエが天皇親政から「民主主義」に代わっただけです。

「市民参加」と「国民参加」は違います。市民参加とは、権利・自由の主体として自立した市民が政治過程に参加することです。これに対して国民参加は、国民の義務を負う被治者が政治に〝動員〟されることです。市民の義務は市民相互の義務ですが、国民の義務は国家に服従する義務です。裁判員の義務が後者であることはいうまでもありません。

最近の政治状況を一九三〇年代のファシズムの再来という人がいます。たしかに似ているところもありますが、歴史はくり返しません。政治的条件が異なれば、まったく同じことが再現するわけではありません。いまは、統治者も強権支配を「民主主義」で偽装しています。しかし他方、その仮面に隠された強権支配に抗する自立的市民の運動も広がっています。

安倍首相は「戦後レジームからの脱却」を標榜《ひょうぼう》しています。それは戦後民主主義の否定です。だとすると、戦後民主主義とは何だったのか。戦前と戦後でなにが変わり、なにが変わらなかったのか。戦後民主主義を清算して日本の政治はどこへ向かおうとしているのか。さらには、グローバル化によって侵食された民主主義をどう立て直すべきかを、わたしたちは模索しなければなりません。

そのためには、過去の歴史を知る必要があります。そして、そこから教訓を汲み取らねばなりません。過去に目を閉じる者は現在に盲目だからです。

わたしたちはかつてファシズムに踊らされて、戦争の惨禍を他国の民衆にまねき、自身もその被害者となりました。わたしたちはファシズムの被害者だっただけではなく、ファシズムに加担することによって加害者になりました。加害と被害の二重性は、同時代を生きる者の宿命です。

時代の風潮に流されてはなりません。

日本の軍国主義化がすすむ一九三六年、時代の政治に背を向けるような猟奇事件が起きました。阿部定《あべさだ》事件です。

性の悦楽を求めた一組みの男女が、待合いでのこと。「締めて。もっと強く！」と男にせがまれた女は、腰ひもで情夫の首を締め、殺してしまったあげく、性器を切り取って行方をくらましたのです。

当時、この事件は世間を騒がせました。新聞は阿部定を「毒婦」「妖婦」と書き立て、民衆も事件の猟奇性を話題にしました。しかし、その大衆心理の奥底には、時代の流れにそむく者への驚嘆の念が秘められていたのかもしれません。

わたしたちは好むと好まざるとにかかわらず、時代の同衾者《どうきん》であり、共犯者です。阿部定ほどに世をすねることもできない小心者のわたしたちは、時代に押し流されてファシズムと心中し、その被害者であると同時に加害者になりました。

わたしたちは、歴史の悲劇を喜劇として再演するほど愚かではありません。わたしたちは、国策に唯々諾々と従う国民ではなく、自立した賢明な市民でありたいと思います。

裁判員制度は、わたしたち一人ひとりに国家への服従か、市民としての自立かを問いかけています。

裁判員制度は、わたしたちを国家の合法殺人に加担させるものです。わたしも、あなたも人殺しになるのです。

それでも、あなたは裁判員になりますか？

あとがき

いまどき、裁判員制度の本など売れないことは筆者も承知しています。じつは、この本も出版社を探すのに苦労しました。

しかし、昨今の政治と司法の現状をみるにつけ、民主主義と法の支配に対する筆者の危機感はつのるばかりです。そんな思いから裁判員制度を改めて検証したのが本書です。

ありていに言って、裁判員制度は拙速な政治的妥協の産物です。なぜ国民の「司法参加」が必要か、裁判員制度によって司法は「民主化」されるのか。いや、そもそも司法は「民主化」すべきものなのか――といった根本的な問題を十分に議論しないまま性急に導入されました。そのいい加減さが、この九年間の裁判員制度の運用であらわになっています。

筆者のみるところ、裁判員制度は〝司法のポピュリズム化〟です。近年いちじるしい政治のポピュリズム化は日本も例外ではありません。なのに、司法までポピュリズム化してしまっては、ポピュリズム政治の暴走を食い止めるものはなにもありません。権力分立と司法の独立、法の支配が失われるからです。これは司法の危機であり、民主主義の危機でもあります。

きびしい出版事情のなかで拙稿の今日的意義をお認めいただき、出版の労をお取りくださった花伝社の平田勝社長に厚く御礼を申し上げます。

斎藤文男（さいとう・ふみお）
1932年和歌山県生まれ。
1956年京都大学法学部卒業、58年大阪市立大学大学院法学部研究科修士課程修了。1961年九州大学教養部講師、助教授、教授をへて同法学部教授。1996年定年退官、名誉教授。
主な著書
『問われた報道の自由』（編著）法律文化社、1971年
『子どもたちは平和をつくれるか』（編著）現代書館、1994年
『指定管理者制度と情報公開』自治体研究社、2006年
『政治倫理条例のすべて』公人の友社、2016年
ほかに、訳書、H・I・シラー『世論操作』青木書店、1979年。コラム集『冷めた紅茶』『ちびた鉛筆』現代書館、1989、92年

ポピュリズムと司法の役割——裁判員制度にみる司法の変質

2018年5月5日　初版第1刷発行

著者 ——斎藤文男
発行者 —平田　勝
発行 ——花伝社
発売 ——共栄書房
〒101-0065　東京都千代田区西神田2-5-11出版輸送ビル2F
電話　03-3263-3813
FAX　03-3239-8272
E-mail　info@kadensha.net
URL　http://www.kadensha.net
振替 ——00140-6-59661
装幀 ——黒瀬章夫（ナカグログラフ）
印刷・製本— 中央精版印刷株式会社

ISBN978-4-7634-0854-9 C0036